어느 수도원 근처

지성의 상상 시인선 042

어느 수도원 근처

강계순 시집

지성의상상

■ 책을 내면서

열 번째 시집을 내게 됩니다.
아마도 이 시집이 마지막 시집이 될 것 같습니다.
1959년 3월호 『사상계』를 통해 문단에 나왔으니 올해로 만 65년을 시인이라는 이름으로 살아왔습니다.
과연 시인이라는 이름에 걸맞게 살아왔는지 어떤지는 나중에 독자들이 가늠해 주실 것이고, 나는 다만 내게 주어진 시간 동안 나름대로 열심히 그리고 꾸준히 시를 버리지 않고 살아왔다고 고백할 뿐입니다.
불확실하고 덧없는 것들로 가득 찬 이 세상을 살아가면서, 혹 쓸쓸하거나 슬프거나 절망적인 어둠에 갇혀 있거나 하는 누군가가, 나의 시 어느 한편이라도 가슴에 품고, 그것으로 위로를 받거나 꿈을 꾸거나 혹은 아름다운 사랑으로 가슴이 뜨거워지기라도 한다면, 그래서 그 시를 잠깐이라도 마음에 두고 살아간다면, 그것으로 나는 시인의 몫을 충분히 했다고 생각합니다.
시는 세상을 떠도는 명성이나 부나 권력 혹은 거대한 개혁이나 혁명과는 거리를 두고 있습니다. 시는 영혼의 한 구석을 따뜻하게 적셔주는 무엇이며, 우리의 곡절 많은 삶과 세상의 모든 사물들에 대하여 새로운 의미와 가치를 깨닫게 해 주는 것이기도 합니다. 또한 자칫 무의미하게 보이기 쉬운 곳곳에 숨어있는 눈부시고 아름답고 빛나는 것들을 발견하게 해주는 무엇이기도 합니다.

프랑스의 비행사였으며 작가인 생텍쥐페리(A.Sanit-Exupery)는 "물은 관능으로는 설명할 수 없는 쾌락을 우리에게 준다."고 했습니다. 시도 마찬가지로 관능으로는 설명할 수 없는 깊은 즐거움과 위로와 새로운 발견, 맑고 높은 쾌락을 우리에게 줍니다.

그런 시의 축복을 발견할 줄 아는 따뜻하고 아름다운 몇몇 사람의 영혼을 만나기 위하여 나는 65년의 시간을 후회하지 않고 시를 쓰는 일로 보냈습니다.

더러는 고통스럽고 더러는 절망적인 여러 시간들이 내 삶을 지나갔지만, 시를 쓰는 일은 그 모든 십자가와 가시면류관의 고통 가운데서도, 자주 가슴 설레고 몸 떨리는 기쁨과 햇살같이 빛나는 축복의 순간들을 주기도 했습니다,

그러므로, 이 나이까지 시를 쓸 수 있었고, 열권의 시집과 두 권의 시선집, 그리고 여러 권의 산문집을 낼 수

있었던 내 삶은 얼마나 큰 축복을 받은 것인지, 그저 깊이 감사를 드릴뿐입니다.

 이 시집의 제6부에 수록된 신앙 시편 「우매한 사랑」은 오래전 『우매한 사랑』이라는 시집에 수록되었던 것들 중 몇 편을 골라서 고치고 다시 쓴 것들도 있고, 또 새로 써서 수록한 것들도 있음을 밝힙니다.

 그리고 이 시집 출간과 함께, 비교적 쉽게 읽히고 서정적인 시들 30편을 골라서 〈강계순 영상시집〉을 제작해서 유튜브에 올려놓았습니다.
 종이책이 점점 희소해지고 독서를 하는 사람들도 나날이 줄어드는 세상이지만, 영상물은 많은 사람들이 다투어 보는 세상이므로, 좀 쉽게 시를 감상하는 방법으로 이 영상시집을 제작했습니다.
 이 영상시집은, 나의 제부弟夫인 해암海巖 조현규님이 제작한 것으로, 내 동생이며 조현규님의 처 강태순(서예작가, 옛뜰)과 함께 시와 그림과 음악을 선택하고 배열하고, 또 교정까지 열심히 보아가면서 제작했습니다.

해암海巖 조현규님은 이 외에도 〈한국 서정시 100선〉 〈한국 가곡 100선〉 등 유익하고 아름다운 작품들을 많이 제작하여 유튜브(해암BLOG chk2736)에 올려놓았으며 수많은 구독자를 가지고 있는 전문가이며, 동생(옛뜰. 강태순)도 우리나라의 좋은 시와 글들을 아름다운 그림과 함께 작품화하여 발표하고 전시회展示會를 열기도 하고 또 서화집書畵集을 발간하기도 한 중견 서예작가입니다.

　나와 혈육이면서 또한 예술의 길을 함께 걷는 동반자이기도 한 그들에게 이 지면을 통해 감사의 마음 전합니다.

　이 책을 위해 해설을 써 주신 허형만 시인, 그리고 출판사 미네르바의 식구들에게 깊은 감사의 말씀 드립니다

2024년 8월

혜운慧云 강계순

■ 차례

책을 내면서 _ 10

1부 어느 수도원 근처

자작나무	23
겨울 숲속에는	24
탑	26
어느 수도원 근처	27
바람	28
마지막 연가戀歌	30
갈대	32
바람의 손	33
겨울입니다	34
눈이 왔다	35

2부 어제 밤 비 내리고

국화차菊花茶 39
푸성귀 40
봄비 42
어젯밤 비 내리고 44
소나무 45
목련 46
선운사 꽃무릇 47
안개 48
파편破片 49
봄에는 50
어느 오후 51
한 치씩 더 높이 52
산山 54

3부 어느 갠 날

사비성泗沘城 1   57
사비성泗沘城 2   58
사비성泗沘城 3   59
날개 달린 여인상   60
어느 갠 날 1   63
어느 갠 날 2   64
어느 갠 날 3   66
어느 갠 날 4   68
어느 갠 날 5   69
어느 갠 날 6   70
어느 갠 날 7   72

4부 그 대장간을 지나며

그 대장간을 지나며	77
홍시紅柿	78
다시 바다에 가서	80
까치집	82
빨래집게	84
인사	85
그 친구	86
어느 일몰日沒	87
코로나 블루	88
뒷모습	89
그 병원	90

5부 오래된 그림책

오래된 그림책	95
낯선 섬에서	96
별리別離	98
겨울비	100
비 오는 날	101
겨울이 다가와서	102
연습	103
그 아이 2	104
그 아이 3	106
오래오래 비 내리고	108
사모곡思母曲	109

6부 우매한 사랑

고해성사	115
식탁 1	116
식탁 2	118
하느님의 장기將棋	119
선물 2	120
초대	122
돌베개	124
빈 무덤	126
성모 마리아	128
피에타	130
광야에서	132

■ 해설 | 가슴 아픈 시간들을 하느님의 자비와
은총으로 품은 시 −허형만(시인·목포대 명예교수) _ 133

1부

어느 수도원 근처

자작나무

쌓이는 눈으로 무릎을 덮고
눈처럼 흰 뼈 드러내고 있는
뻬르질키오* 작가촌作家村 자작나무들
슬프고 아름다운 바람 속에서
꼿꼿하게 등 편 채 오랜 세월
돌아오지 않는 사람을 기다리면서
침묵하고 있었다,
칼끝 같은 바람으로 체중 줄이면서
세상과 격리되어
폐쇄된 통나무집 어둠의 시간을 지키는 동안
땅과 슬픔의 경계를 넘어 아득히 자라난 키
깊이 쌓인 눈 속에 뿌리박고 서 있는
견고한 뼈대
가난하고 유연한
일탈의 높이.

* 모스크바에 있는 작가 촌. 보리스 파르테르나크의 옛 집에서.

겨울 숲속에는

겨울 숲속에는
뼈만 남아 있어도 부끄럽지 않은
모든 것의 헐벗음
긁히지 않고 불어 가는
바람의 뒷모습이 있다,

나날이 커 가는 우주의
깊고 넓은 품
굳게 여문 근육으로 버티고 있는
나무들의 침묵 안에서
소리 없이 땅으로 하늘로
어깨를 비비대면서 오르내리는
보이지 않는 작은 실핏줄들,

겨울 숲속에는
버릴 것 다 버리고도
든든하게 버티고 있는
아득히 깊은 뿌리
그 아래

소리 죽여 가만가만 도란거리는
작은 물길들.

탑

계곡마다 활활 불붙던 늦가을 정염의 시간도
우레 같던 밤바람의 긴 울음도 지나고
갈색의 대지 위에 깊이 내려서 쌓이는 흰 눈
그 눈 속에 무릎 꿇고
침묵의 산사山寺 앞에 맨손으로 묻어 둔
뿌리 깊은 꿈, 깊고 오랜 땅속에서
단단하게 여문 화석으로 살아남아
이 아침 머언 능선에 몸 씻고 일어선다
소슬소슬 바람의 손길에 젖은 흙 떨어내면서
높고 먼 그리움 서늘히 우르르는 탑의 혼
세상 가운데 아름다이 선다.

어느 수도원 근처

세상의 시간에서 하늘의 시간으로
조용조용 흘러가는 강물 옆에서
보이지 않는 따뜻한 손에 기대어 조금씩 자라나는
작은 풀들, 들판에는
반주伴奏도 화성和聲도 없이 고즈넉하게
고여서 흐르는 낮은 음계의 음악, 그 너머
하늘인 듯 땅인 듯
저만치 으스름하게 보이는 어느
수도원 근처.

바람

매 순간 보이지 않는 수레에 실려 쉬지 않고
어디론가 가볍게 떠나고 있다는 것을
알고 있지,
온몸으로 세상을 밝히면서
그 하루 빛나던 꽃들, 그리고
긴 긴 겨울날 송곳 같은 추위
오랜 세월 신음하면서 깊이 움켜쥐고
아프게 떨던 그리움 모두
결국은 켜켜로 쌓이는 묵은 세월들 사이에서
향기롭게 썩거나 마른 햇살에 불타거나 하면서
흔적 없이 색깔 바래어져버리고
더께 앉은 추억 나날을 견뎌 온
안타까운 소망들 모두
보이지 않는 바람의 넋에 실려 매 순간
떠나면서 살고 있다는 것을 알고 있지,
산다는 것은
떠나는 것의 다른 모습이라는 것을

매 순간 나도 조금씩 떠나고 있다는 것을
알고 있지.

마지막 연가戀歌

마른풀들 저들끼리 목쉰 소리로
하직인사를 나누고
서럽도록 푸른 하늘 홀로
아득히 떠 있는
천지간에
숨겨두었던 찬란한 옷 하나씩 둘씩
모두 그대 앞에 벗어두고
떠납니다
빈 들판을 떠돌던 막막함
숨길 수 없이 짓무른 피의 색깔
목에 찬 그리움 모두
여기 벗어두고 떠납니다.

삭아서 소멸하는
이별의 말 깊이 고백하면서
적멸의 언덕에 서서
계절마다 색색으로 수놓았던 오랜 기다림
하루하루 견디면서 깊이 멍들었던
지치고 아픈 내 육신 모두

여기 벗어두고 떠납니다
그대여, 돌아올 수 없는 나날의 스러짐
나날의 잊혀 짐을 위하여
여기 모두 다 벗어두고 떠납니다.

갈대

떨어져 내린 나뭇잎들 모두
갈색으로 무너지고
깊은 가을의 끝자락
안개 깊이 덮인 호숫가에 서면
아득하구나
은빛 머리 흔들면서 계속
떠나거라 떠나거라 온 천지에
서걱서걱 바람 일어서는 소리,

헤어지지 않는 인연
어느 세상에
하나라도 있었으랴
흔들리는 갈대 한 줌 가슴에 얹고
그대 안부 묻노니
돌아보면서 돌아보면서 손사래 치던
그대 젖은 목소리
어느 영혼 어느 그리움 하나
혼자서 떠돌지 않는 뒷모습
있었으랴.

바람의 손

흠집 난 채 굳어있던 상처의 굳은 딱지들
손 흔들어 모두 떨어내고
희끗희끗 눈발 날리는 빈들에 서서 오늘은
가볍게 바람의 손을 잡는다,
풀잎들 모두 마르고 말라서 땅에 엎드리고
벗은 나무들 휑하게 빈손 들고 서 있는
지상의 벌판, 혹 황량한 어느 길목에서
아직도 떠도는 그대의 혼
다시 만난다면
침묵보다 더 조용히 손들어 배웅하고
그대여
오늘은 바람의 손을 잡고
떠나는 연습을 한다
세상의 인연 모두
바람으로 돌아가는 길목
오늘은 나도
바람의 손을 잡는다.

겨울입니다

단풍들 모두 땅으로 쏟아지고
삭아서 마침내 무(無)로 돌아가고
깊은 눈 속에 덮이어 세상 모두
순하게 숨죽이면서 깊어 가는 날
높은 곳을 향해
마른 가지들 말없이 손 모아
외골수로 서 있는
황야
나도 손 모으고 서서
바람에 전신을 맡기고 가만히
폭설 속으로 마른 뼈 드러내면서
서서히 자연(自然)이 되어 떠나는 지금은
겨울입니다.

눈이 왔다

모두 다 숨죽이고
네가 떠나던 날 덮고 간 그
하얀 이불보만 넓은 땅에 깔렸다
한때는 회오리였던 것들 눈물이었던 것들
다 무위로 돌아가고
하얀 이불보
망각의 골짜기
세상 모든 것들 위에 깊고 넓게
깔려 있다.

2부

어제 밤 비 내리고

국화차 菊花茶

이슬과 비와 바람 속을 서성이면서
가꾸고 거둔 노란 국화 한 아름
씻고 찌고 말려서
작고 단단하게 정제精製된 한 줌의 국화차,
씨알 같은 차 몇 알 뜨거운 물에 띄었더니
기지개 켜듯 몸 풀고 얼굴 밝히면서
어여쁜 꽃으로 다시 떠올라
그 향기 입안과 목을 지나 뱃속까지 뜨겁게 흘러내립니다,
젊은 날 피와 멍울로 아프게 맺혀 군데군데 베긴 군살들까지
섬세한 더듬이로 자근자근 적시면서
화해하듯 속 깊이 스며들어
얼음 밑을 흐르는 물소리인 양 맑고 작은 소리로
전신을 씻어 내리는 국화차 한 잔,
세상의 빗장들 하나 둘 소리 없이 벗겨지고
어둠을 밟고 여명이 슬며시
문을 밀고 걸어 나옵니다.

푸성귀

재미 삼아 씨앗 몇 줌 고랑 파고 묻었더니
며칠 지나지 않아 손톱 같은 순筍 올라와
햇빛과 비와 바람까지 공숲으로 먹으면서 어느새
소복소복 연초록 잎들을 불리면서
상추 쑥갓 아욱들이 연달아 피어났다
눈 깜짝할 사이 제왕처럼 이상한 힘으로
텃밭을 점령하고
나를 제압하면서
매일 땅으로 불러내는 푸성귀들의 힘
더운 흙의 입김에 축축하게 젖고
신바람 나게 들볶이면서 매일
한입 가득 가슴 설레는 부드러운 향기
목이 메는 늦바람으로 날마다
그리운 텃밭을 만나러 간다,
욕심을 부리면 썩어버리는 봄날의 사랑, 푸성귀는
내 밥상에도 하루치의 양식으로
이웃에게도 하루치의 양식으로
향긋한 냄새를 뿌리면서
온 동네를 흥겹게 떠다니고 있다

오, 나는 누구에게 가서 이 푸성귀들만큼이라도
맛이나 향기가 되었던 적이 있었던가
하루치의 위안이라도 되었던 적이 있었던가
푸성귀들을 보면서
온전히 봉헌되는 짧고 거룩한 한 생애에
먹먹한 가슴을 쓸어내린다.

봄비

낮게 웅크리고 멈추어 있는
얼어붙은 강에
실금 몇 개 그어 놓더니
군데군데 트고 갈라진 늙은 나무의
등과 허리까지 자작자작 적시면서
봄비 내린다,

입 다물고 돌아앉은 결별의 땅
완고한 겨울 한구석에
소리 없이 정교한 베틀 하나 걸어놓고
보이지 않는 불 한 짐 등에 지고 분주하게
연둣빛 옷감들 풀어내어 여기저기
눈부신 궁전을 지어 올리고 있는 봄비,

종적도 없이 사라졌던 아득한 눈물의 샘도
아른아른 길어 올리고
잠자고 있던 모든 것들 놀라서 눈 뜨고
일어서게 하는

보이지 않는 힘 자작자작
내리고 있다.

어젯밤 비 내리고

날카롭게 공격하는 도끼의 이빨에 닿아
쩌렁쩌렁 울면서 쓰러졌던
나무의 절망이 온 산을 헤매다 기진한 자리
그루터기만 남아서
오가는 사람들의 발길에 채이고 바람에 긁히면서
둔탁한 바위처럼 무디어져 더께로 앉은 상처
깊이 적시면서 어젯밤 비 내리고
마침내 땅속 깊이 숨어서 살아있던
내밀內密한 생명 작고 여린 순筍 하나
끌어올리고 있다.

꺾이고 일어서고 다시 꺾이고 일어서는
존재의 비상飛翔
가파른 산자락에 외로이 서서
작은 새들의 깃털에 몸 비비면서
죽음을 건너 새로이 일어서는
애잔하고 아름다운 생生의 비밀
조금씩 길어 올리면서
어젯밤 비 내리고.

소나무

세상 모든 것들 다 잠자게 두고
얼어붙은 겨울에도 홀로
깎아지른 단애 위에 버티고 서서
길고 궂은 세월, 들이치는 홍수와 가뭄
전신으로 받아 안으면서
날카로운 팔 하늘에 벌리고
팔 밑으로는 끊임없이 털어내는 갈색의 잠,
갈라지고 뒤틀린 몸 할퀴고 불어 가는 바람
모든 빛 모든 소리 모든 사념에
은밀하게 귀 열고 서서
나날이 뻗어가는 그대의
뿌리 밑 깊이 내리고 있는
절명의 사랑
그 모순과 초월의 세계
알 것 같아.

목련

슬픔도 깊어지면 빛이 되는지
마른 가지 끝에 매달려 떨고 있는 환한 그대로 인해
세상은 잠깐 동안
신비한 부활의 예감으로 설레기도 하지만,
누백년의 세월을 보내고도 벗을 수 없는
깊은 상심, 올해도 소리 없이
소복차림으로 오신 그대
봄볕도 자주 얼굴을 가리고
낮은 소리로 곡哭 합니다,
날마다 슬픔의 부피를 더해 가다가 마침내
이른 봄 어느 저녁
춤추듯 쏟아져서
이승의 짧고 덧없음 뒤로하고 떨어져 내리는
그대 눈부심 안에 숨어있는
처연한 상처
마음 깊이 간직하여 단단하게 옹이 진
성모聖母의
검푸른 멍 자국을 봅니다.

선운사 꽃무릇

전신의 힘 쏟아 지어올린
작고 섬세한 선홍의 집들, 꽃무릇은
야윈 몸 흔들리는 키로
농익은 슬픔 천지에 듬뿍듬뿍 뿌리면서
닿을 수 없는 땅의 아득함 눌변의 그리움을
떨면서 바람에게 고백하고 있었다.
육자배기 같은 목쉰 바람 한 자락
어디선가 아득히 묻어와서 흐르는
환하게 밝은 선운사 골짜기
몇 백 년 묵은 뒤뜰 늙은 동백나무도
꽃무릇 깊은 그리움에 덩달아 병이 들어
드문드문 피어나고 시름시름 떨어지면서
아프고 허망한 사랑의 뒷모습
묵언으로 시늉하고 있었다.

안개

구름은 구름끼리 만나 비가 되어
온 땅을 적시고
미열微熱에 들뜬 바람은 바람끼리 몰려와
굳게 입 다문 꽃잎마다 기어이 터뜨리고
안개가 되어 내게로 와서 너는
마르지 않는 눈물을 길어 올리고 있다
물기 흐르는 손으로 하늘을 가리고
온 사방 소리치고 있는
가슴 아리는 통증, 못 잊을 추억으로
얼어붙었던 땅마다 밀고 일어서는
작고 힘센 풀잎
애끓는 빛과 향기가 되어
불면不眠의 문을 열고 있다.

파편破片

알 수 없는 먼 세계의 어느 곳에선가
환청처럼 내 이름 부르며 건너온 그대 목소리
갑자기 작은 파편 하나 몸속에서
꿈틀거리기 시작했습니다
숨어있는 줄도 몰랐던 그 작은 파편
잊어버린 시간의 저 너머
다시는 돌아갈 수 없는
감미롭고 아득한 시간들을 깨우면서
날카롭게 날을 세우고 빠르게
전신을 쑤시고 다닙니다
빛 밝은 오후의 그 아득한 향기 그 노래들
소스라치게 깨우면서
그리운 손짓이 되어
아프게 날을 세우고
전신을 돌아다니고 있습니다.

봄에는

황사바람 떠도는 궂은 날씨에도
꽁꽁 감싸고 있던 마스크 슬그머니 벗어놓고
깊이 감추어 두었던 얼굴 세상 쪽으로 드러내면서
조심스럽게 사방을 두리번거리다가
옷깃 속으로 스미는 따뜻한 손길 붙들고
마침내 속마음까지 다 내어주는 일
하릴없이 비에 젖으면서
결국은 가을날의 상처 다 용서하고
다친 자리 서로 쓰다듬는 일
오랜 세월 낡고 찌든 내 아파트 창 앞에도
이름 모르는 꽃들 빙긋거리면서
철없이 일어서고.

어느 오후

햇살 따스히 내리쬐는 버스정류장
바로 옆 도로에서
택시와 버스와 자전거들 서로 다투면서
놀이하듯 달리기를 하고
저만치에 보이는 도시의 공원에서는
황사바람에도 아랑곳하지 않는 나무들
한껏 팔 뻗고 흔들리면서
한가로이 놀고 있는
어느 오후
버스를 기다리면서 나도 놀고 있다
소음들 속에서 햇살 속에서 사람들 속에서
나는 놀고 있다
버스 정류장 대기의자
내 옆자리에 앉아서 지금
나와 함께 놀고 계시는 그분
평화로운 햇살을 한 아름씩 계속
건네주고 계신다.

한 치씩 더 높이
-우리 집

사철 내내 바람 그칠 날 없는 내 작은 마당
구석구석 크고 작은 돌멩이들 뒹굴고
촌 뜨락을 닮은 꽃들 서로 어울려
몸 비비면서 자라나는 곳
때때로 낮은 울타리 너머 어디선가
방향을 잃어버린 공기총도 날아오고
한참 유행하는 야구공도 날아오고,

맨살의 유리창은 지치지 않는 적의敵意에
성할 날 없이 얻어맞아 자주 박살이 나고
한 줌의 그리움처럼 박살이 나고
내가 지어올린 한 평의 작은 이상理想
걸핏하면 붕대를 동여매고 서서
나의 꿈 나의 눈물로 상처를 달래면서
투명하고 아픈 체온들 모여서
버티고 있다,

때 없이 들이치는 험한 비바람에
온몸 적시면서

박살이 난 꿈 다시 주워 모아
새로운 꿈으로 갈아 끼우면
살 후비는 바람에 쓰러졌던 꽃들, 아침마다
고개 숙여 비켜 앉으면서 다시
한 치씩 더 높이 일어선다
새로운 색깔을 피워 올리면서 끈질기게
다시 허리를 편다.

산山

넓은 팔 벌리고 긴 세월
큰 비 내리면 큰 비 맞고 바람에게도
자주 몸 나누어주면서
묵묵히 기다리고 있다.
죽은 자(死者)의 적막 삭은 **뼈** 한 무더기
날마다 가슴 깊은 곳에 묻으면서
피었다 떨어지고 피었다 떨어지는
흐르는 시간의 옷 겹겹이 껴입은 채
늙어도 늙지 않는 젊어도 젊지 않은
끝없는 기다림,
마침내 어느 날
물길마다 떠돌던 풀꽃 한 송이
돌아가서 몸 풀고 누울 자리
말없이 열어놓고 기다리고 있는
오랜 불망의
긴 그림자.

3부

어느 갠 날

사비성泗泌城[*] 1
―정림사지定林寺址 오층석탑

오래된 시간의 흔적 위에 따사로이 햇살 내리는
정림사지,
돌과 모래로 쌓은 둥글고 긴 담 안에
아무것도 없어서 아름다운 폐허의 땅,
권토중래捲土重來를 꿈꾸던 함성 모두 가라앉히고
아득히 비어있는 시간 먼 추억을 거느린 채
외로이 서서
오래전 유적遺跡이 되어 묻혀버린 옛 얘기들
높고 먼 그리움 모두
소슬한 바람으로 조용조용 건네고 있는
오층석탑,
정림사지 빈 뜰 한 가운데
홀로 서 있는
천년의 얼굴.

* 백제의 마지막 수도. 지금의 부여.

사비성泗泚城* 2
−안개**

새벽마다 흔들리는 강을 건너서 온다
섬세한 손길로 모시풀 가닥가닥 다듬어
직기織機위에 올리고
긴 밤 베틀마다 풀어내던 백제百濟의
얇고 섬세한 세모시 그
흔들리는 혼으로 떠올라
완만한 산 비옥한 평야 흐르는 강을 건너
먼 길 헤매어 온다.
오랜 밤 깊게 웅크리고 고여 있던 눈물
새벽이면 안개로 일어서서
천년을 견뎌 온 삭은 돌멩이들
젖은 손으로 어루만지고
붉게 물든 단풍들 가슴깊이 품어 안으면서
사비泗泚의 땅 구석구석을 돌아 새벽마다
먼 길 흘러서 온다.

* 백제의 마지막 수도. 지금의 부여.
** 부여에는 새벽마다 짙은 안개가 몰려온다.

사비성泗沘城* 3
—부소산扶蘇山

수천의 단풍들이 손 흔들면서
푸르고 질긴 기다림 모두 떨어내고 있는
부소산 가을
백마강 깊은 물속에 잠겨서
물비늘로 흐르고 있는
전설의 사랑도
천년 세월 돌과 흙으로 집을 짓고
그 흙 정갈하게 다듬고 구워
지워지지 않는 문양과 이름을 새겨 넣으면서
묵묵히 살아온 높고 귀한 이름들 모두
아득히 스러지고 잊혀진 먼 먼 시간의 끝에 서면
깎이고 허물어져 가는 부소산 저무는 바람에 묻혀
사랑도
이렇게 소멸해 버리고 마는
아주 소소하고 덧없는 것이었구나.

* 백제의 마지막 수도, 지금의 부여.

날개 달린 여인상[*]
―갈겐베르크의 비너스

1)
거칠고 막막한 흙과 바람만이
한 세상을 이루고 있던
몇만 년 전 그 아득한 날
어느 강江가 혹은 바위 밑에 움막을 짓고
수렵狩獵과 채집採集
풍요와 생식生殖과 다산多産이 전부이던
벗을 수 없는 삶의 질곡桎梏 속에서도
그대
이미
그때
지금에서 내일로
원시에서 현대로 지상에서 천상으로
턱없이 날아오르고 싶은 초월의 꿈 하나
있었지,

비밀의 날개 어깨에 달고
비상飛翔의 꿈 키우면서
참고 누르고 기다리던 오랜 세월

캄캄하게 닫힌 통로마다 애타게 기웃거리면서
진흙 속에서도 한사코 날아오르고 싶은
아득히 먼 세상,
그대
아무것으로도 채울 수 없는
사납고 질긴 꿈 하나
키우고 있었지.

2)
몇만 년 흙 속에 위리안치圍籬安置 되어
숨 멈추고 갇혀 있던 깊고 오랜 잠 속에서도
버리지 못하는 절절한 날개 그냥 달고
억겁의 시간 억겁의 윤회輪回를 거듭하다가 비로소
눈부신 인연 새롭고 먼 이 세상에
돌이 되어 작은 나상裸像으로
다시 태어난 여자
원시와 현대가 동시에 품고 있는
비상飛翔의 꿈, 죽음도 멈출 수 없는

질기고 슬픈 날개 그냥 달고
안타까운 형상으로 다시 살아나서,

오래전 내게도
사나운 꿈 하나 있었다고
아픈 날개 하나 있었다고
말없이 일깨워 주고 있는
오래전 그 세상의
날개 달린 여자.

* 세상에서 가장 오래된 조각상 (36000년 전으로 추정). 2008년 남부 오스트리아 갈겐베르크에서 출토되어 오스트리아 비엔나 자연사박물관에 소장되어 있다고 함. 자료-조광호 엘리지오 신부님의 글 중에서 빌려 옴.

어느 갠 날 1
−부산(終)

감성의 불씨 하나 들고 정박碇泊한
내 항해의 첫 기항지
등꽃들 주렁주렁 꿈의 심지에 환히 불 켜고 있던
부산 수정동 산기슭
거리에는 늘 바람이 쓸고 다녔다
더러 해일이 밀려오면 아름드리 소나무들
뿌리째 들썩이던 곳,
기숙사 작은 창 너머 노을이
사멸死滅의 불꽃처럼 떨어져 내리는 일몰이면
낯선 거리를 기웃거리는 부랑아처럼 나는
작은 바람이 되어
잠자지 않고 출렁이는 바다를 향해 달려갔다
뿌옇게 흔들리는 불 몇 개 아득히 켜고
빠른 속력으로 어디론가 떠가는 연락선의
항로를 눈으로 좇으면서
알 수 없는 비애에 몸 적시던 밤바다의 어둠
검은 하늘에 금빛 별들 깊이 박혀있고 그때
내 가슴에도 몇 개의 별이
비수처럼 반짝였다.

어느 갠 날 2
-양귀비꽃

맹목과 무지의 스무 살 언저리
작은 뜰 한구석에
눈부시게 빛나는 빨간 양귀비꽃 몇 송이
심었습니다
마약의 일종인 줄도 모르고
뿌리마다 흙 입히고 물 주면서
행복한 꿈 꾸고 있던 어느 날
느닷없이 들이닥친 마약 단속반 순경들,
겁에 질린 나는 떨면서
너무 아름다워서 심었다고밖에는
대답할 수 없었던
그
양귀비꽃.

다시는 그 꽃 키울 엄두를 내지는 못했지만
불면의 밤마다 몰래 찾아가 본 양귀비 꽃밭
넓은 세상 한끝 험하고 깊은 골짜기에 숨어서
언제나 스무 살의 맨살로 피어 있었습니다,
출입 금지의 팻말이 가슴 언저리에서

딸랑딸랑 소리를 내면서 접근을 위협했지만
스무 살의 내 살 속에 이미 번지고 있던
달고 향내 짙은 도취와 일탈
마약단속반 순경들이 눈치챌 수 없이
몸속 깊이 들어와 베어버린
양귀비꽃향기, 한 덩어리의 끈끈한 아편이 되어
적소謫所의 단애 끝에서도 그 맛 맛보면서
너끈히 살아남게 하는
양귀비꽃.

어느 갠 날 3
―춤추는 여자

사방 한 치쯤의 작은 땅에 발끝을 세워
총총걸음으로 미혹의 길 헤매다가
절체절명의 시간
발톱이 빠져나가는 아픈 발길질로
훌쩍 공기를 가르고 뛰어오르면 홀연히
땅 위의 사소한 돌부리들 눅눅한 이끼들
모두 밀려나고
공중에 부양(浮揚)되던
외골수의 꿈,

걷고 뛰고 오르면서 잠시도 멈출 수 없이
칼끝 같은 절망으로 담금질당하던 질긴 힘줄
발끝에 배어나던 선홍의 피,
어디쯤 가면 그대 손을 잡을 수 있을까
얼마나 높이 올라야 그대 곁에 가까이 닿을 수 있을까
더욱 단단히 발끝 곧추세우고
끝없이 거듭되던 순례의 길,
아직도 걷고 뛰고 오르는

아득한 날의
어느 갠 날.

어느 갠 날 4
−갯벌의 노래

갯벌 언저리 젖은 흙 속에
뻘 묻은 잡초로 피어서
뜨겁고 아픈 태형笞刑의 밤
긴 긴 불면으로 지새다가
새벽이면 찾아올 힘찬 밀물에 밀려서 혹
그대 곁으로 달려갈 수 있을까,
닿을 수 없는 그 언덕
허기진 바람이 되어 뒤채다가
어느 새벽 천지를 떠도는 안개로 피어서
세상 외로움에 다친 그대
전신으로 감싸 안으면
어느 갠 날 하루
뻘 묻은 갯벌에서도 간신히 피어나는
새벽의 작은 꽃 하나
될 수 있을까.
안개로 몸 바뀌어서 새벽마다
그대 어깨를 적시고 함께
젖어서 우는 안개로
몸 바뀔 수 있다면.

어느 갠 날 5
-밀물

어디서부터 오는 것일까
새벽마다 몰려와
전신을 들이치며 마른땅도 젖은 흙도
결국은 전신으로 젖어서 울게 하는
저 밀물은,
세계의 어느 곳에서 깊이 응어리져 있다가
마침내 강하게 들이닥치는 슬픔의 속도
쏴 쏴 소리 내면서 전신을 몰아치는 저
그리움의 소리.
오랜 시간 숨죽이고 있던 모든 힘 다 풀어서
달려가고 또 달려가면
어느 갠 날 하루
반짝이고 출렁이는
만조의 바다에 이를 수 있을까.

어느 갠 날 6
―사화산死火山에서

그때 그런 날 있었다고
친구여
이젠 말하고 싶네,
어느 갠 날
뜨거운 연기 피워 올리면서 살아있는
화산지대를 지나면서
세상에 떠도는 유황 냄새 깊이 들이키고
그 정점을 향해
지치지 않는 꿈의 시위 힘껏 당기면서
뜨겁게 불붙어 솟아오를 높고 아름다운
불기둥을 꿈꾸었던
그런 날 있었다고.
가슴속에 숨죽이고 있던
깊고 오랜 그리움
눈부신 치자 꽃향기로
순백의 불꽃이 되어 전신을 떨고
온 세상 흔들면서 일어설 것을
꿈꾸었던 날 있었다고
이제는 말하고 싶네.

〈
다시는 돌아갈 수 없는
그 유황 냄새의 기억을
가라앉히고 있던 눈물을
힘주어 시위를 당기던
그 어깨 그 힘줄
기억하고 있는지
친구여
이제는 한번 물어보고 싶네.

어느 갠 날 7
―큰 눈 내리는 날

세상 신호등 모두 꺼져버리고
희고 막막한 벌판
길 아닌 길 환하게 열리면서
뭉치뭉치 눈 내려와 덮이던 날
푹푹 눈 속을 걸어
막무가내 아득한 설산(雪山) 꼭대기
어딘지 모를 곳으로 숨차게 올라
무릎뼈 모두 망가뜨리면서 찾아 헤매던
표범 한 마리,
하이에나의 울음도 두렵지 않던 그런 날 있었다고
울컥 소리 내어 고백하고 싶은
큰 눈 내리는 날,

지금도 뭉치뭉치 내리고 있는
그때 그 눈
이제는 무릎 상하여
더는 올라갈 수 없는 산
먼 곳에서 울리는 하이에나의
아득한 울음소리만 기억 속에서

희미하게 울리고 있는
큰 눈 내리는 날.

4부

그 대장간을 지나며

그 대장간을 지나며

지금은 구석진 어둠 속에 묻혀
녹슬어 여기저기 부슬부슬 떨어져 나가고
번득이는 불 모두 꺼져버린
그 대장간,
그때 그것은 한 촉의 화살이었지
온 힘을 다해 풀무질하던 대장장이들
치고 또 치는 불 속에서
끊어질 듯 휘어져 달아오르던 쇠붙이
마침내 아름답게 번득이며 그대에게로 가는
속력이었지, 햇살보다 먼저 달려가서
어둠을 잘라내는 빛이었지.
그때 그 대장간은
쩡 쩡 울면서 뜨겁게 치솟는 꿈으로
밤새워 벼리고 벼리던
희망이었지 굳게 믿었던 약속이었지,
지금은 가고 없는
힘센 장수들의 빛나는
궁전이었지.

홍시紅柿

쨍하게 시린 하늘을 이고 서 있던
대문 앞 제일 큰 감나무
몰래 타고 올라가서
성급하게 막대기로 후려쳐서 떨어뜨린
땡감들, 몰래 소금물에 삭혀서 먹던
늦은 가을 곳간의 어둠
짜고 씁쓸하고 질긴 그 맛
옷마다 감물로 얼룩을 만들면서
언제나 목이 메던
유년의 떫디떫은 꿈,

그 대문 앞 제일 큰 감나무
이미 오래전에 베어져 없어지고
온 세상 모두 횅하게 비어서
서럽게 춥고 매운 겨울날
서툴게 치마를 물들이던 질기고 떫은 꿈 모두
홍시로 익어서
여기에 와 있네
흑백영화 속 오래된 이별의 그림자 같은

폐기된 추억, 이미 낯선 곳으로 사라져서
기억조차 할 수 없는 모습,

너무 깊이 삭고 무너져 이제는
쓰일 데 없는 꿈의 끝자락
무료한 오후에 때 없이 번지는 탐욕의
공복이나 채워주는
홍시가 되어
여기에 와 왔네.

다시 바다에 가서

막막한 어둠이 내려 덮인 지평의 끝
상처 입은 짐승처럼 울부짖던 그리운
그 바다를 만나러 갔지,
극소량의 독물을 마시고 스산한 비를 맞으며
감미로운 파괴를 거듭하면서 철철
피 흘리고 달려와 깨어지던 그
바다를 만나러 갔지,

그러나
오래전 이미 굳게 닫혀 버린 한 세계의 문
긴 긴 후회의 울음조차 낮게 가라앉아버린 바다에는
유실된 기억들로 가득 찬 적적한 어둠
아득히 들리는 해조음만 세상 밖에선 듯
낮게 흔들리고,
그 곁에 쓸쓸히 작별의 말을 묻어두고
작게 흐르는 바람으로 등을 식히며
먼 바다에 갔다 왔지
오래전에 떠나버린 눈먼 새의

빈 꿈을 배웅하면서
바다에 갔다 왔지.

까치집

꺾이어 땅에 뒹구는 마른 나뭇가지들
먼지 묻은 지푸라기들 메마른 잡풀들을 모아
눈 밝은 까치들은
입 헐고 꽁지 다 빠져나가도록 온 힘 기울여
나무 위로 물어다 놓고
비와 바람을 견뎌 내는
작은 집을 짓고 있다
버려진 많은 것들을 새로운 몫으로 바꾸어 놓으면서
푸른 하늘 속에
혼신을 기울여 쌓아 올리는
견고한 울타리,

덧없이 흘려보낸 시간들
방향도 없이 자주 버리고 외면하면서
두고 온 작은 것들 모두
희망이었음을 그리운 사랑이었음을
나직이 일러주면서
저기 높은 곳에서 작은 불 밝히고
떠 있는 까치집.

어둑어둑 저문 길 끝에서
저리고 굽은 다리 웅크리고 서서 이제야
아득히 바라보는
먼 까치집.

빨래집게

늘 허공에 떠서 입 앙다물고
결코 놓지 못하고 흔들리던 몇 개의
질긴 옷자락,
뜨겁고 서러운 여름날의 더위
다 지나가고 이제
더 이상 널어서 말려야 할 옷가지도 없는
쓸쓸하고 스산한 저녁 으스름 속에서
아직도 습관처럼 입 앙다물고
허공에 매달려 있는
낡은 빨래집게
쓸모없이 뻣뻣하게 굳어서
굳게 지킬 아무것도 없는
삭은 이빨 그대로 닫고
어둠 내리는 허공에서
이유도 없이 흔들리고 있는
낡은 빨래집게.

인사

저문 오후 허깨비 같은 그림자 끌고
텅 빈 모퉁이마다 기웃기웃 서성이다가
문득 옷깃을 잡아채는 낯선 바람에
뒤돌아보니, 저만치서
눈부신 단풍들 바람에 부대끼는 돛폭처럼
색색의 깃발 흔들면서 손 높이 들고
아름다운 웃음을 보내고 있다
멀리서 손 흔들면서
먼저 가라고 먼저 가라고 먼저 가라고
훗날 만나자고 웃으면서
인사하고 있다.

그 친구

이 겨울 지나고 봄 오거든
만나서 밥이라도 한번 먹자고
오랜만에 전화를 주었던 친구여
벌써 봄도 지나고 여름도 지나고 이제
가을도 깊어 가는데
다시 전화하겠다던 그대
소식이 없네
혹 어디가 많이 아픈지
그새 아주 먼 곳으로 이사를 가버렸는지,
봄 여름 가을은 재빨리도 지나가고
이제 곧 겨울이 오는데
밥이라도 한번 먹자던 그대의 목소리
아직도 쟁쟁하게 남아 있는데
친구여, 어디에 있는지
소식도 전할 수 없는 먼 곳으로
아주 가 버렸는지
벌써 겨울이 다가오고 있는데
친구여.

어느 일몰日沒

쏟아낼 듯 쏟아낼 듯 서서히 내려앉다가
끝내는 수평선 위에 목을 걸치고 앉아
차마 떠나지 못하고 머뭇거리는
마지막 얼굴, 온 천지를 물들이던
검붉은 일몰,
그런 것일까
선선히 손들어 마지막 인사를 하고
담담하게 돌아눕지만
마음속에 남아있는 작고 애달픈 그리움
그 흔적들
목이 메어 머뭇머뭇 차마 눈 감지 못하던
내가 본 그 사람, 그 해안의
마지막 일몰.

코로나 블루

점점 거리를 넓히고 점점 잊어가면서
조심스럽게 사회적 거리 지키는 동안
온몸으로 전염되어 서서히 굳어가는 깊은
코로나 블루
속내도 보이지 않고
다정한 목소리도 죽이고
가면假面 같은 마스크로 온 얼굴 가리고 있는 사이
그대 아주 가버렸네,

시린 허리 구부리고
푸른 계절과 먼 거리 지키면서
빛나는 것들로부터 아주 등 돌리고 서서 우두커니
메마른 나뭇잎들 뚝 뚝 떨어내고 있는
겨울나무, 막막한 세상의 변두리에서
아무것도 보이지 않는 마스크로 숨죽이고 있는 사이
서서히 몸 깊이 스미어 조여드는 침묵,
하루하루 메말라 굳어가면서
돌아갈 수 없는 곳 돌아보는
짧게 남은 겨울날,

뒷모습

한 줌의 어둠을 식탁 위에 얹어 두고
소리 내지 않고 가볍게 계단을 뛰어내려
저리고 아픈 길목 상한 가슴의 언저리를 무심하게 돌아
순식간에 우리의 어깨 밑을 빠져나간 그는
재빠른 걸음 잡히지 않는 속력으로
길목마다 샅샅이 뒤지고 다니면서
닿을 수 없는 거리까지 앞장서 달려가더니
저만치서 당당하게 손 흔들고 있다
황망한 길목 가늠 수 없는 순간순간마다
차디찬 손으로 뒤통수를 얻어맞지만
결코 반격할 수도, 붙들 수도 없이 그냥
빈손 깍지 끼고 서서 멀거니 쳐다보면서
배웅하는 일 밖에는 없는
바람의 뒷모습.

그 병원

그 집에 다녀온다고 해서 특별히
더 건강해질 것도 더 행복해질 것도 아니지만, 그리고
아무리 비상한 재주를 가진 사람도
세상 모든 일 마음대로 되는 것 하나도 없다는 건
잘 알고 있지만,
저문 시간이 와서
더듬더듬 길 떠나려는 내 등 조심스레 다독거리면서
늘 조용한 미소로 배웅해 주는
그 병원 집 주인장,

기억할 수 없는 생의 한 모서리에 날쌔게 틈입해서
시간의 독으로 몸 적시면서 오랜 세월 살 비비고 살아온
나의 반려(伴侶), 나의 병, 친숙해질 대로 친숙해진
그 손길로 윽박지르면서
더러는 비명이 나오도록
내 갈 길 일깨워 주지만,

늘 편안한 얼굴로 고개를 끄덕이면서
오랜 시간 절친한 이웃이 되어 준

그 병원 집 주인장
사흘이 멀다 하고 찾아가서 잠시 동안
머물다 오면
가야 할 내 발길 한결 가벼워진다.

5부

오래 된 그림책

오래된 그림책

지금은 어디에 두었는지 흔적조차 알 수 없는
오래된 그림책
기억 속에서조차 색깔 모두 바래어지고
가볍게 비 내리는 날 엷은 그림자로
어른어른 떠올랐다 사라지는 젖은 꽃잎들
여기저기 흔들리면서 떨어져 내리고 있다,

젖은 공기 머금고 안갯속에서
움츠리고 떨던 꽃잎의 섬세한 흔들림
새벽마다 어둠을 밀어내면서 번지던
알 수 없는 향내, 그리고
가늘게 떨면서 가지런히 내밀던
섬세한 너의 손, 모두

조금 아프고 조금 그리운
내가 젊었던 날의 오래된 그림책
회색으로 저무는 늦은 오후
세우細雨처럼 왔다가 간다.

낯선 섬에서

뱃길 지나 불어오는 적막한 바람이
온 밤 수호신처럼 지키고 있는 오지奧地
단 두 가구밖에 살지 않는다는
늙은 부부의 작은 섬에서
밤을 새웠지,
가슴 따뜻한 사람 하나 만나면
모든 것 다 버리고 도망쳐 들어가고 싶던
설익은 꿈의 그림자
뒤채는 바람 소리와 함께
밤을 새웠지.

드센 바람 덧없이 빗나간 세월에 쓸려
결국은 만나지 못하고 잊혀진 따뜻한 날의 꿈
먼 파도 소리로 일어서고
아직도 망망대해 어느 곳에 떠서 흔들리고 있을
아득한 날의 그 작은 섬을 꿈꾸면서
밤새 뒤채었지
바람 소리에 실려 왔다가 사라지는
희미한 그림자 좇으면서

낯선 섬 거기에서
밤을 새웠지.

별리別離

예고도 없이 눈 내리고 바람 일어서는 오늘
그대 가는 길 혹 어둡거나 젖어있지는 않은지
발 헛딛고 비틀거리거나 넘어지지는 않는지
우수에 찼던 그대 눈 이제는 어둠에 익숙해져서
가는 길 잘 찾아가고 있는지,
태양 아래에서 일어나는 모든 것
빈손으로 바람을 잡는 일일 뿐이니, 허무로다*
이제 곧 모든 것 다 잊혀지고
새로운 시대가 올 것이니
마지막 겨울나무처럼 가볍게 말라서 그대
모두 다 벗어두고 아주 가 버렸네,
알 수 없는 일 신비하게 일어서고 사라지는
밤의 어둠 어디쯤
허둥허둥 굽은 어깨 웅크리고 걸어가고 있을
그대여
이 땅은 아직 금빛 햇살 뜨고 지고
어제와 다름없이 나무와 풀들 여전히
작은 바람에 일렁이고 있는데
아무것도 듣지도 보지도 못하고 입도 다물고

어딘지도 모를 아득한 곳을 향해 빈손으로
묵묵히 그대
아주 가 버렸네.

* 코렐렛 1:14.

겨울비

마른 뼈 몇 개 깊이 감추고
발목을 잡고 으르렁거리는 바람 속에 서서
무료하게 정지해 있는 겨울
길고 춥고 어둡다
음습한 땅 먼 곳으로 떠나버린 모든 꿈
쓸쓸히 씻어 내리면서
겨울비 내린다, 몸속 깊이 적시면서
겨울비 내린다
불길로도 눈물로도 다스릴 수 없는
황량한 땅 긴 긴 어둠 속에
망연히 서서 다만
겨울비 내리고 있다.

비 오는 날

그늘진 곳에서 울고 있던 그대 마음
오늘은 이 땅에
비가 되어 흐른다
한 줌 흙 속에 문 닫고 앉아
살이란 살 모두 녹아내리고
불망의 넋도 녹아내리고
오 척 단구의 관 위에 소리 내며 박히던
대못 소리도 녹아내리고
마침내 하늘도 주저앉아 물이 되어 흐르는
적막한 땅 깊은 골에서
오랜 세월 누워서 소리 내지도 못하던
그대 마음 오늘은 오래오래
이 땅 적시며
비가 되어 흐른다.

겨울이 다가와서

떨어져 내린 잎들 여기저기
몸 움츠리고 무료하게 뒹굴면서
앞서거니 뒤서거니 두터워져 가는 어둠을 향해
주춤주춤 발길 내딛고 있다,
흔적 없이 떠나간 시간의 발굽에 깨어져
가루로 부서진 짧게 남은 날들
바람 서서히 일어서고
한 세상도 기울어가고
차가운 동굴 하나 가까운 거리 어디쯤에서
크게 입 벌리기 시작하는
저물어가는 햇살의 초췌한 끝자락,
오래 기다리던 친구처럼 성큼
겨울이 다가와서 회초리를 들고
치맛자락 사납게 흔들면서
길 재촉하고 있다.

연습

하늘의 무게만큼 큰비 떨어지던 날 밤
저항할 수 없는 날카로운 힘에 찍혀
큰 나무 하나 몸통 갈라져
아주 쓰러지고
흔적 없이 떠도는 바람 소리만
휘여 휘여 헤매고 다녔다
오래 간직해 온 것들 다
망각의 깊은 동굴 속에 묻어버린
벌판, 허허하게 비어서
여기에도 저기에도
큰비 언제 떨어질지 모르는
휑한 세상, 한구석에서
나도 자주 비 맞고 웅크리고
조금씩 비워내면서 서서히
드러눕는 연습을 하는
휑한 세상.

그 아이 2

눈물 콧물 범벅이 된 채 목이 터지게 고함을 지르면서
골목길 어둠 속에서 울고 있는 아이를 만났다
부들부들 떨면서 잃어버린 엄마를 부르고 있는
길 잃은 아이의 필사적인 눈빛.
언제였던가,
내가 길 잃고 헤매면서 저렇게 울던 때
서서히 내려앉는 어둠, 아무도 길 가르쳐 주지 않고
바람 몰아치는 사방을 발 부르터서 이리저리
기웃거리고 추위에 떨면서
가슴 밑바닥까지 조여드는 무섭고 외로운 시간
소리 내어 우는 일 밖에는
할 수 있는 것이 아무것도 없었다,
마침내 땀도 눈물도 두려움도 모두 증발되어 버리고
소금 몇 되로 온몸 문지르면서 사막을 건너는 동안
더 이상 잃을 것 없는 모래바람 가운데로
흔적 없이 사라져 버린 작은 그 아이,
사라져서 거칠게 쌓인 메마른 구릉지 깊숙이
죽은 듯 숨어 있다가
까마득한 세월을 거꾸로 달려서 오늘

어둠 짙어가는 외길 모퉁이에 문득
다시 나타났다,
놀란 듯 지르르 지르르 떨면서 일어서서
작은 손으로 내 등을 쓸어내리는
아득한 날의 오,
눈물에 젖은
그 아이.

그 아이 3

날 선 사금파리를 들고 여기저기
무심히 찍고 찍히면서 아득히 먼 날
거친 들판을 달려서 내게로 왔던 그 아이,
바람 몰아치는 벌판 날카로운 바위 모서리마다
부딪치고 쓰러지면서
꿈마다 가위눌리는 습기 찬 이끼의 한 생애,
밤마다 어둠의 벽을 두드리고
뒤채고 떨면서 찾아 헤매던 그것은
무엇이었던가
몽유병자처럼 밤새워 맨몸으로
헤매고 찾아다니던 그것은 모두
무엇이었던가.

깊이 저무는 어느 가을 어둑어둑 잘 보이지 않는
세월의 한 모퉁이 어디에선가
따갑고 날카로운 그 사금파리 잃어버리고
잡을 수 없는 바람의 속도에 속절없이 앗겨버린
푸르게 날 섰던 그 비수
흔적도 없이 가버린 그 모든 것 다

무엇이었던가,
기억할 수도 없는 시간
무심無心의 벌판을 지나
부스스하게 삭아 내린 얼굴로 돌아온
그 아이, 돌아와서 아무렇지도 않게 가끔
뜻 없이 먼 산 쳐다보면서 쓸쓸히 웃고 있는
바람 불던 날의
그 아이.

오래오래 비 내리고

굽은 등 웅크리고 서서
흐르지 못하는 물같이 고여
더러는 잊고 더러는 숨겨 두었던
무모하고 유치했던 시간들
어줍고 눈멀어 비틀거리던
막막한 그 길 돌아보는 밤
오래오래 비 내리고,
급하게 굴러가는 시간의 속력에 떠밀려
허둥허둥 걸어온 막막한 길
서툴고 무모한 날들의
낡은 흔적들
아득하게 잃어버린
먼 날의 그림자 긴 어둠
오래오래 적시면서
비 내리고.

사모곡思母曲
−어머니를 위한 조시弔詩

1.
청청한 날의 눈부신 꿈들
잉걸불같이 뜨겁던 그 열정 모두
가시덤불 진흙 길 헤치고 걸으면서
쓰디쓴 눈물의 잔으로 비워내고
끝내 다할 수 없는 사랑의 쓸쓸한 소망도
한 평 땅속에 못질하여 묻어버리고
이제는 마른 살 삭은 뼈로 흙 속에 깊이 뿌리내려
척박한 땅 적시며 강물로 흐르고 계시는 어머니,

꽃나무마다 부지런히 물 주어 가꾸시고
작은 풀잎 하나에도 깊이 정 주며 일구시던 그 손길
지금은 땅 밑 어둠 속에서도 쉬지 않고
지상으로 지상으로 온갖 색깔의 꽃잎들 밀어 올리면서
이 세상 온통 지천의 꽃으로 꾸며놓으십니까

2.
세상 바람에 휘둘리고 다치고 떠밀려 다니느라
좀체 시간을 내지 못하는 딸들을 위하여

가을걷이 텃밭에서 굵게 마디진 손과 휘인 허리
푸석푸석 내려앉는 쇠잔한 기력으로
무와 배추 손수 뽑고 다듬고 절여서
너무 많이 익지 않게 너무 덜 익지도 않게
날짜와 시간을 가늠하면서 김치를 담그시던
어머니의 간절한 기다림
소금으로 더께 앉은 그 인내의 시간들이
뒤늦게 돌아보는 저희들에게
이제야 발효하여 온 세상 향기로 넘치고 있습니다.

3.
거친 바람과 질곡의 한 세상 모두 사랑으로 품어 다독이시고
끝내 진리와 지혜의 길 찾아 먼 길 떠나서
우주의 중심에 스스로를 곧게 세우시고
허망하게 소진해 가는 삶의 마디마디 아픈 관절염의 밤과 낮을
고독하게 지키며 눈물 삼키신 아름다운 한 생애,
〈

아무리 세월이 흘러도 그 자리에 그대로 계실 것 같더니
이제 다시는 뵐 수 없는 영가靈駕로 떠나신 어머니
우리가 걷는 길 비틀거리는 허방마다 받쳐주시던 그 굳건한 무릎 앞에
오늘 온 세상의 모든 꽃 모든 노래 모든 비단을 다 바친다 해도
어머니의 몸속에 켜켜로 쌓여
슬픔인 듯 향기인 듯 배어나는 끝 간데없는 사랑의 높이를
어찌 다 가릴 수 있겠습니까
돌이킬 수 없는 저희들의 회한을
어찌 다 가릴 수 있겠습니까

4.
첩첩한 시간 속에 스미어 보일 듯 말 듯 내밀하게 번져나던
어머니의 한숨과 걱정과 희망
끝내 놓지 않으시던 아름다운 염원을

이제야 눈물로 돌아보는 저희들의 철없음
어머니, 부디 용서하십시오. 모든 것 가볍게 놓으시고
부디 해탈解脫의 법열法悅, 청정한 평화를 누리십시오
저희들 모두 합장하여 기도합니다.

6부

우매한 사랑

고해성사

당신의 저울은 늘 고장 나 있습니다
찾아오는 손님마다
그 저울에 죄의 무게 올려놓아도
저울의 추는 조금도 올라가지 않고
그냥 묵주기도 한 번이나 두 번 혹은 주님의 기도 몇 번만
당신께 드리면 그것으로 모든 값을 다 치를 수 있으니
연민과 눈물로 가득 차서
고장 난 저울을 들고 고장 난 계산법으로
늘 용서와 위로를 덤으로 주시느라 분주하게 서두르시는
우매한 나의 주인님.
이것저것 따지지도 손익계산도 하지 않고
당신이 요구하시는 것은 아주 짧은 기도
뉘우치며 돌아서는 눈물뿐이니

그대로 합니다.

식탁 1

외출에서 돌아와
황사와 매연에 그을린 손발 씻고
시계와 반지 목걸이와 겉옷들 모두 벗어놓고
쌓인 세월과 함께 익숙해진 공기 깊이 들이쉬면서
손때 묻은 살림살이들, 조금씩 마모된
세간의 모서리를 돌아
구석진 자리에 놓여있는 작은 식탁 앞에 앉으면
밥과 물 몇 가지의 밑반찬 간결한 음식으로
다시 내일을 살아 낼 힘 얻습니다,
티베리아스 호숫가에서 나누어주신
빵과 물고기로[*]
일용할 희망 구체적인 생명이 피돌기를 시작하던
그 식탁처럼
온종일 빈 바다에 그물 내리고
기운 모두 탕진해 버린 저린 손발 고달픈 어깨도
자근자근 풀어주는
그대 함께 하는 날마다의 식탁
기름과 밀가루 떨어지지 않고[**]
존재하는 것 모두 환하게 눈 뜨는

충만한 기쁨으로 오늘 하루도
내 잔이 넘칩니다.

* 요한복음 6:9-13.
** 열왕기상 17:1-16.

식탁 2

아들 딸 사위 손자 손녀들 모두 둘러앉은 식탁에서
우리 모두 식전食前 기도를 합니다
어린아이들은 고사리손을 모아 기도문을 외우고
몇 년 동안 쉬고 있는 아들도
자주 기도를 빼먹고 수저 먼저 드는 남편도
모두 다소곳하게 눈 감고 손 모으고 있는
오월의 따스한 하루,
저만치 뜰에 피어있는 장미 덤불 사이
빙긋 웃으며 손 흔들고 지나가시는
그분의 따스한 눈빛과 천상의 어머니,
장미 향기 은은하게 내려앉아 번지는 이 하루
가슴 밑에서 알 수 없는 뜨거운 것이
목을 치밀어 올라 눈 껌벅이며
환한 빛 속에 둘러앉아 더불어 빛이 되는
가장 아름다운 달 아름다운 식탁입니다.

하느님의 장기將棋

승산이 없는 장기將棋판 앞에 앉아
마馬를 만졌다가 상象을 만졌다가 졸卒을 움직여보다가
포包로 살짝 건너뛸까 아니 아주 차車로 밀어붙일까
이미 판정패가 뻔한 장기판을 맥없이 바라보면서
아무리 궁리를 해도 묘연한 길
건너편에 앉은 적수의 여유만만한 웃음에 기가 죽어
비참하게 항복할 일밖에 남아있지 않은 막다른 길목,
갑자기 그분이 오셨다
한참 동안 훈수訓手를 두시다가
도무지 알아듣지 못하는 나의 무지가 답답하시던지
살짝 나를 들어 옆자리로 비켜 앉게 하시고는
손수 장기판 앞에 앉으셨다,
내 눈에는 보이지 않던 길이
그분의 눈에는 환하게 보이는지
유연한 손놀림으로 한순간에 포로 치고 차로 달리더니
적수의 졸개들을 몽땅 물리치고
다시 나를 제자리에 갖다 앉혔다.

장將이야!!

선물 2

눈 뜨면 영락없이 머리맡에 와서 기다리고 있는 여명
게으른 어깨를 감싸 안고 일으켜 세워
햇살 한 줌 가볍게 얹어 주십니다
때맞추어 이름 모를 새들 창가에서
저들끼리 노래 부르고
뜰에는 작은 꽃들 앉아 흔들리면서
그것이 노래인 줄 모르고 노래하고[*]
춤인 줄 모르고 춤을 춥니다.

밤새 잠자던 모든 사물들 기지개 켜고 일어서서
햇빛과 바람을 건져 모으고 그 몸 드러내는
완벽한 이 땅의 구도構圖
나도 가슴안에 일렁이는 일용할 근심 작은 십자가
다시 짊어지고
돌부리들 삐죽삐죽 솟아나 있는 세상의 길
더듬더듬 걷기 시작합니다.

그대 눈짓 한 번에 숨어있던 생명들 모두
신바람 나서 달려 나오는 이 눈부신 땅,

당신 손으로 지으신** 이 빛나는 아침과
세상의 근심 속에 나를 뽑아 세워
희망의 작은 심지에 다시 불 켜게 하시고
참으로 고독한 자는 고독하지 않음을 알게 해 주신 이,
씨를 뿌리지도 거두어들이지도 길쌈도 수고도 하지 않지만
입히시고 먹이시는 분 계심을 전신으로 믿고 있으므로
찬미인 줄 모르고 절로 찬미합니다.

* 박남수 시인의 시 「새」 중에서.
** 시편 8:3.

초대

한 생애 내내 강한 손과 뻗은 팔로*
포기하지 않고 좇아오시는 당신의
우매한 사랑
깊고 험한 진구렁 속에서 내가
당신을 의심하고 원망하고 배반하면서
허우적거리고 있을 때
말없이 나를 업고 전신으로 달려서
험한 길 모두 지나 여기 마른땅에
내 몸 내려놓아 주신 분
마침내
사냥꾼의 그물은 찢어지고
새처럼 나는 벗어났습니다,**
이상한 날개 하나 내 어깨에 달아주시고
돌부리들 여기저기 솟아있는 광야의
어둠 속이거나 좁고 먼 길 어디거나
유연하게 걸어서 통과하는 신발 한 켤레도
단단하게 신겨주시니
멈추지 않는 당신의
맹목적 짝사랑

마침내
나는 작은 포로가 되어
무릎 꿇고
자주 넘치는 따뜻한 눈물로 얼굴 씻으면서
물이 포도주로 변하는 당신의 잔치에*** 초대되어
함께 춤추고 노래합니다.

* 신명기 11:2.
** 시편 124.
*** 요한 2:11.

돌베개

모래바람 얼굴을 때리고 길은 아득히 멀고
한 치 앞도 보이지 않는 사구(砂丘)의 깊은 골
빠르게 내리는 어둠 속에서
의지가지없었습니다
부르트고 찢긴 온몸의 상처
시린 절망과 허기로 덜덜 떨면서
돌베개* 하나 찾아 머리에 괴고
웅크리고 잠들었습니다.

몸부림칠 기운조차 남아있지 않는 그곳
세상의 소음들 다 잦아들고
춥고 메마른 바람만 스산하게 일어서는
어지러운 꿈속에
문득 아득히 높은 곳 어디선가
알 수 없는 빛 한 줄기 내려와
얼어붙은 몸 가만히 덮어주신 그 새벽
따뜻한 그 옷깃으로 눈물 닦으며
아침이 오는 길을 향해 다시
몸 추슬러 바람 속으로

긴긴 여정을 시작했습니다.

* 창세기 28:11-22.

빈 무덤
−막달라 마리아[*]

뜨겁고 아픈 그리움과 깊은 상실의 고통
눈물로 가득 찬 향유 항아리 하나
가슴 깊이 품어 안고 첫새벽
거친 바람 속으로 달려갔습니다,
바람 윙윙거리는 빈 무덤 옆에서
두려움에 떨면서
내내 울었습니다
근심으로 가려진 얕은 시력으로
허방만 두리번거리면서
죽은 자들 가운데서
당신을 찾고 있었습니다,

벗어놓은 수의만 크게 보이는
당신의 빈 무덤, 당신 계시지 않는
암흑의 세상
나락으로 뚫린 허방 앞에 위태로이 서서
떨면서 간절히 비오니,
라뿌니! 어서 오시어
"여인아, 왜 우느냐?" 하고

그 목소리 들려주소서
제 이름 한 번만 불러주소서
비로소 눈 밝게 뜨고
달뜬 걸음으로 빈 들판을 빠르게 달려
당신을 증언하는
맨 처음의 여인이게 해 주소서.

* 요한 20:11-16.

성모 마리아
−묵주기도

촛불 켜고 정좌하여 묵주기도를 시작합니다
몇 송이의 장미 다발을 바치는 동안 어느새
처음에 지녔던 사랑을 잊어버리고*
묵주 알 사이사이 비집고 들어오는 온갖 상념들
사소한 근심과 갈등, 아무리 애를 써도
용서하기 힘든 사람과
음침한 골목길에 숨겨 놓은 황금 송아지, 그 너머에서
몰래 손짓하는 바벨의 탑, 알 수 없는 회오리도 불고 갑니다,
무엇을 입을까 무엇을 먹을까 무슨 말을 할까
걱정하지 말라고 하셨지만
갖가지 상념들에 부대끼면서 제가 드릴 수 있는 것은
기껏해야 구름 일 듯 일어서는 허황한 꿈과
안간힘 쓰면서 묵주를 붙들고 있는 텅 빈 시간뿐이니
언감생심 어머니의 전구轉求를 청원하는 저를
불쌍히 여기소서,

당신이 일구신 아득한 신비의 동산 그 언저리만
멀리서 서성이다 돌아오는 나날

저의 묵주는 늘 무겁고 걸음걸이 자주 비틀거리지만
묵주 알 사이사이 가득한 분심의 시간들과 함께
겨자씨보다도 더 작은 저의 하찮은 진심과 기도도
함께 엮어 열 송이씩 열 송이씩 드리오니, 너그러우신 어머니,
저에게도 하느님 은총을 분배하시어
때 묻은 겉옷을 깨끗이 빨고 주님의 도성에 들어갈 수 있도록**
저를 위하여 빌어주소서.

* 묵시록 2:4.
** 묵시록 22:14.

피에타
―비아 돌로로사* 13처

대못자국 무섭게 파인 손과 발, 창에 찔린 옆구리
온몸 피와 물 흘러내리는 그대의 깊은 상처, 비로소
내 품에 안아보는 나의 아드님
나의 주님,
강보에 싸여 구유에 누워 있었던 때 이후로 늘
쓰리고 아픈 그리움, 칼에 꿰찔리듯 피 흐르는 마음 모두
깊이 숨기면서
멀찍감치 서서 바라보기만 하던 그대, 한 번도
마음껏 안아보지 못한 그대 몸을
이제야 겨우 안아봅니다
머리 둘 곳도 없이 외롭게
언제나 모래바람 속을 숨 가쁘게 달리면서
무모한 사랑을 꿈꾸던 그대의 땀과 눈물
가시에 찔리고 피 흘리면서
병든 이들 가난한 이들 죄지은 이들과 함께 걸었던
그 모든 시간 모든 상처들, 이제는 거두어
평안히 잠드십시오.
배반도 능멸도 고통도 없는 아버지의 나라

이 세상에 속하지 않는** 그대의
높고 아름다운 나라로 가십시오
세상의 마지막에 비로소 내 품에 안겨 눈 감으신
나의 아드님,
나의 주님, 나의 하느님.

* Via Dolorosa. 비탄의 길, 십자가의 길을 의미하는 라틴어.
** 요한 18:36.

광야에서

무성하게 뻗어 난 가시엉겅퀴들 헤치면서
날카로운 가시에 찔리고 해진 뒤꿈치
비명으로 발자국 찍으면서 어둠 속을
걸었습니다
무작정 내달은 광야의 끝 어디쯤에서
나와 함께 울고 계시는 당신을 만났습니다
당신의 발은 더 많이 핏물에 젖어 있었습니다
가시로 관을 쓴 당신의 희미한 웃음
나도 마주 보고 희미하게 웃었습니다,
고통은 나눌수록 가벼워지는 것이라고
가만히 일러주신 당신의 말씀 그 어깨에 기대어
절뚝거리는 다리에 다시 힘주고
광야 어디인가 숨어있을 청량한 물을 찾아서
조금씩 걷기 시작했습니다.

■□ 해설

가슴 아픈 시간들을 하느님의 자비와 은총으로 품은 시

허형만

(시인·목포대 명예교수)

1.

강계순 시인은 1959년 3월에 『사상계思想界』로 등단하여 이제 구순九旬을 바라보는, 문단에서 존경받는 원로 시인이다. 강계순 시인은 1974년 첫 시집 『강계순 시집』(문조사)을 출간했다. 이번 시집은 2019년 『사막의 사랑』(푸른사상) 이후 5년 만에 출간하는 열 번째 시집으로, 시인이 서문에서 밝혔듯 "내게 주어진 시간 동안 나름대로 열심히 그리고 꾸준히 시를 버리지 않고" "시의 축복을 발견할 줄 아는 따뜻하고 아름다운 몇몇 사람의 영혼을 만나기 위하여" 오직 시와 더불어 살아왔음을 보여준 시집이다.

강계순 시인은 첫 시집 이후

1) 일상적인 물질 요소에 의지를 부여하고 의인화하며, 고통을 극명하게 드러낸다. 그 고통을 통하여 화해를 발견하려고 하는 능동적 의지를 갖고 있으며, 상상력과 상징성이 두드러지는 시 경향을 갖고 있다.(『한국시대사전』, 을지출판공사, 1988)

2) 대상을 바라보는 페이소스와 절제된 언어가 그의 시 세계의 특징이다.(『한국 문예사전』, 어문각, 1991)

3) 삶의 고통에 대한 직시, 수용, 화해라고 말할 수 있다. 이러한 세계는 진지하게, 참을성 있게 삶의 모순을 성찰한 데서 얻어진 현금의 한국 시단에 있어 한 성과가 아닐 수 없다.(한영옥, 시집 『짧은 광채』 해설, 1995)

4) 주로 삶의 애환과 고독, 불안 등을 서정적 필치로 다루고 있다. 이상과 현실 사이의 질곡과 그 무상함에 대한 자각 및 죽음에 대한 깊이 있는 이해를 통해 자기 성찰로 회귀하는 면모를 보이고 있다.(『한국 현대문학 사전』(서울대학교출판부, 2004)

5) 풍부한 상상력과 명징한 상징성이 두드러진 작품作風으로 인생의 애환, 고독, 불안 등을 극명하게 드러내면서, 그것을 극복하려는 능동적 의지를 표출하는 인생파적 시 경향을 보여주고 있다.(『한국현대시인사전』(한국시사,

2004)는 평가를 받아왔다.

강계순 시인은 아홉 번째 시집 『사막의 사랑』과 문예바다 서정시선집 『변방에서 꿈꾸다』(문예바다, 2021)에 〈시인의 산문〉을 수록하여 자신의 시에 대한 신념과 창작론을 피력하고 있다. 이번 열 번째 시집의 시세계를 이해하기 위한 자료로 몇 문장만 옮기면 다음과 같다.

젊은 시절, 시만이 가장 가치 있고 가장 높고 아름다운 것이라고 믿었던 날, 시인이라는 이름은 내게 지상의 어떤 이름보다 눈부신 이름이었고 가장 그립고 소중하고 유일한 이름이었다.

겉으로 보기에 무심하고 일상적으로밖에 보이지 않는 시간이 내 인생의 많은 부분을 차지하고 있었다고 해도, 그럼에도 불구하고 나는 시를 제외하고는 삶의 모든 것을, 기쁨과 고통을 말할 수가 없다.

얼마나 많은 시를 썼느냐 얼마나 뛰어난 시를 썼느냐에 상관없이 한 사람이 일생을 시에 사로잡혀 산다는 것은 그 존재의 비극성과 모순을 극렬하게 드러내는 것이 아닐까.

내 삶 속에는 밤마다 한 척의 배를 띄우고 물 위에서 밤을 지새는 만선滿船의 꿈이 있었다. 희미한 집어등을 켜고 밤으로 떠나는 조업, 배를 저어 힘겨운 투망을 하면 그 끝 어디쯤에서 샛앗빛 언어를 만나는 만선의 꿈, 시와 밀회하는 몸 저리는 시간이 있었다.

시는 관능으로는 설명할 수 없는 쾌락을 준다.

세상에 시 쓰는 일 말고 또 어떠한 근사한 일이 있다고 해도 시인에게는 시를 생각하는 시간만큼 정직하게 고통과 행복과 창조의 기쁨을 누리는 시간을 실감할 수는 없으리라.

2.
위에서 우리는 강계순 시인의 시에 대한 평가와 자신의 시에 대한 견해를 살펴보았다. 이제 우리는 강계순 시인의 이번 열 번째 시집에 나타난 시세계를 살펴볼 차례이다.

강계순 시인의 시에는 우선 '겨울'이라는 단어가 상당히 많이 등장한다. 눈과 얼음을 낳는 추위 그 자체인 겨울은 또한 순결함의 상징이다. 이 겨울이 사람의 삶과 연결될 때는 상황에 따라 결코 낭만적이지 않는 경우가 훨씬 많다. 겨울이 갖는 상징성은 굶주리고 가난한 서민들의 삶과 정신을 포함하고 있을 뿐 아니라 사람에 따라 겨울에 벌어진 어떤 충격적인 상황에 의해서도 각인된다.

강계순 시인의 겨울 상징성은 '그대', '그 사람'으로 지칭되는 사람과의 사별에 있다. 가슴 아픈 사별이 이루어진 계절이 곧 겨울이기 때문이다. 제7시집 『짧은 광채』에는 '슬픔에게'라는 부제로 30편과 '짧은 광채'라는 부제로 10편의 작품이 있다. 여기 '슬픔'은 주로 사별한 사람에 대한 그리움과 회한이다.

하릴없다/ 흔적 하나 남기지 않고/ 땅속 깊이 도망가/ 평토平土가 되었으니/ 애인아
　　　　　　　－「죽은 애인을 위하여 －슬픔에게 6」

땅 위에 세웠던 청청한 궁전/ 순식간에 타버리고/ 몇 줌 재 쓸쓸히 하늘로 가고/ 슬픔과 그리움과 변절의 / 미처 못다 삭은 뼈 서넛으로/ 가벼이 남은 그대
　　　　　　　　　　－「동면 －슬픔에게 8」

겨울바람에는 / 뭉텅뭉텅 허리 잘린 채/ 이리저리 휩

쓸려 다니는/ 그리움의 무게가/ 실려 있다

- 「우울한 바람 -슬픔에게 12」

결국 무덤의 한 줌 흙이 되기까지/ 집요하게 따라붙는 슬픔이여 너는/ 오, 내 뼈 중의 뼈요/ 살 중의 살이니라

- 「뼈 중의 뼈 -슬픔에게 16」

다시 그대와 만나 이제/ 화해하고 싶다/ 소주잔을 높이 들고/ 소주처럼 증류되어/ 그대와 만나고 싶다

- 「소주 -짧은 광채 10」

위 인용시들은 그대를 부르는 초혼가이며, 겨울바람이 품고 있는 그리움의 무게와 안타까움이며, 다시 그대와 만나 화해하고 싶은 회한의 노래이다.

한편, 제9시집 『사막의 사랑』에는 「지워진 이름」이라는 제목으로 총 9편의 연작시가 있다. 여기에는 "병석에 누워 있는 그대 머리맡에 앉아 가볍게 손잡고/ 감사합니다, 미안합니다,라고 꼭 말하고 싶었"(「안부」)으나, 그리하지 못해 한이 맺힌 '그대'에 대한 고백이 담겨있다.

그러면 '죽은 애인' 또는 '그대'는 구체적으로 누구인가? 「지워진 이름 7」에 의하면 '그대'는 "사관학교 학생

시절의 충정과 애국의 신념으로" 산 "대한민국의 군인 출신"이다. "사회에서나 가정에서나 매사에/ 고집스럽고 경직된 사고를 신념처럼 간직하고/ 가부장적 권위주의로 뭉쳐있던 사람"이었다. "한 시대의 불안한 징후들을 함께 건너온"(「안부」) 사람이었다. "산소 호흡기를 쓰고 눈도 뜨지 못한 채/ 물을 달라고 보채더니/ 그 물 한 모금도 마시지 못하는"(「지워진 이름 3」) 그 사람이 마침내 선종善終했다. "주님,/ 그 모든 번민 모든 고통 모든 두려움 당신 손으로 거두어주시고/ 이제는 당신 곁에서 평화롭고 따뜻하고 맑은 날을/ 시원한 물 맘껏 마시면서 누리도록 해주십시오/ 지상에서 미처 누리지 못한 온갖 기쁨과 충만/ 당신의 자비로 채워주십시오/ 그에게 영원한 평화와 안식을 주십시오"(「지워진 이름 9」)라고, 시인은 하느님께 뜨거운 눈물로 기도한다.

그렇게 '그 사람'이 선종한 계절은 겨울이었다. 시인은 '그 사람'의 사망신고를 하기 위해 동사무소에 갔다. "쏟아지는 눈 속을 걸어서/ 동사무소에 갔다/ 이름을 쓰고 주민등록번호를 쓰고 그리고/ 그 사람의 사망진단서를 제출했다/ 한 이름이 지워지고/ 한 사람이 지워지고/ 한 생애가 지워지는 순간에도/ 세상에는 계속 눈이 펑펑 쏟아지고"(「지워진 이름 1」) 있었다.

3.

이번 열 번째 시집 『어느 수도원 근처』에 다수 보이는 '겨울' 이미지는 앞에서 살펴본 '그 사람(그대)'의 죽음과 기억과 회한이 지속적으로 연결되고 있다. 어찌 보면 가슴 속 깊이 담겨있는 것이리라.

> 예고도 없이 눈 내리고 바람 일어서는 오늘
> 그대 가는 길 혹 어둡거나 젖어있지는 않은지
> 발 헛딛고 비틀거리거나 넘어지지는 않는지
> 우수에 찼던 그대 눈 이제는 어둠에 익숙해져서
> 가는 길 잘 찾아가고 있는지,
> 태양 아래에서 일어나는 모든 것
> 빈손으로 바람을 잡는 일일 뿐이니, 허무로다
> 이제 곧 모든 것 다 잊혀지고
> 새로운 시대가 올 것이니
> 마지막 겨울나무처럼 가볍게 말라서 그대
> 모두 다 벗어두고 아주 가 버렸네,
> 알 수 없는 일 신비하게 일어서고 사라지는
> 밤의 어둠 어디쯤
> 허둥허둥 굽은 어깨 웅크리고 걸어가고 있을
> 그대여

이 땅은 아직 금빛 햇살 뜨고 지고

어제와 다름없이 나무와 풀들 여전히

작은 바람에 일렁이고 있는데

아무것도 듣지도 보지도 못하고 입도 다물고

어딘지도 모를 아득한 곳을 향해 빈손으로

묵묵히 그대

아주 가 버렸네.

―「별리別離」 전문

  사랑하는 사람과의 영원한 사별死別은 말로 표현할 수 없는 기막힘이다. 현존하는 백제가요 「정읍사井邑詞」가 행상 떠난 남자의 아내가 남편의 무사 귀가를 염원하며 그의 안위를 걱정하는 간절함처럼 시인은 "눈 내리고 바람 일어서는" 추운 겨울날 세상을 하직한 "그대" 가는 길이 "어둡거나 젖어있지는 않은지" "발 헛딛고 비틀거리거나 넘어지지는 않는지" 걱정이다. "마지막 겨울나무처럼 가볍게 말라서" "모두 다 벗어두고 아주 가"버린 그대가 "밤의 어둠 어디쯤/ 허둥허둥 굽은 어깨 옹크리고 걸어가고 있을" 것을 생각하니 안쓰럽고, 한편으로는 허무하기 그지없다. 다윗의 아들로서 예루살렘의 임금인 코헬렛이 "나는 태양 아래에서 이루어지는 모든 일을 살펴보았는데 보라, 이 모든 것이 허무요 바람을 잡는 일이다"(코렐렛 1:14)며, "허무로다, 허무! 모든 것이 허무로다!"라고 탄식한 마음 그대로 "어딘지도 모를 아득한 곳을 향해 빈손으로/ 묵묵히 그대/ 아주 가버린" 지금 심정이 그러한 것이다.

　겨울은 시인에게 사계절 중 가장 삶 속에 깊이 각인된 계절이다. "가면假面 같은 마스크로 온 얼굴 가리고 있는 사이/ 그대 아주 가버"(「코로나 블루」)린 계절이 겨울날이고, "홀로 깎아지른 단애 위에 버티고 서서/ 길고 굳은 세월, 들이치는 홍수와 가뭄/ 전신으로 받아 안으면서/ 날카로운 팔 하늘에 벌리고"(「소나무」) 있는 소나무를 발견한 때도 얼어붙은 겨울이다. "모두 다 숨죽이고/ 네가 떠나던 날 덮고 간/ 그 하얀 이불보만 넓은 땅에 깔렸"(「눈이 왔다」)던 날이 겨울이고, "단풍들 모두 땅으로 쏟아지고/ 삭아서 마침내 무無로 돌아가고/ 깊은 눈 속에 덮이어 세상 모두/ 순하게 숨죽이면서 깊어가는 날"(「겨울입니다」) 역시 겨울이다.

　그뿐만이 아니다. "세상 신호등 모두 꺼져버리고/ 희고 막막한 벌판/ 길 아닌 길 환하게 열리면서/ 뭉치뭉치 눈 내려와 덮이던 날"(「어느 갠 날 7 −큰 눈 내리는 날」)이 물론 겨울이고, "마른 뼈 몇 개 깊이 감추고/ 발목을 잡고 으르렁거리는 바람 속에 서서/ 무료하게 정지해 있는 겨울"(「겨울비」)도 있고, "숲속에는/ 버릴 것 다 버리고도/ 든든하게 버티고 있는/ 아득히 깊은 뿌리"(「겨울 숲속에는」)가 있음을 명상할 수 있는 계절도 겨울이다. 시인은 겨울이 되면 이처럼 그대에 대한 그리움에 빠지기도 하고 때로는 겨울의 순수한 백색 이미지에 젖기도 한다. 침묵의 산사山寺에 가서 "갈색의 대지 위에 깊이 내려서 쌓이는 흰 눈/ 그 눈 속에 무릎 꿇고"(「탑」) 있는 탑을 보거나 모스크바에 가서 "쌓이는 눈으로 무릎을 덮고/ 눈처럼 흰 뼈 드러내고 있는 뻬르질키오 작가촌作家村 자작나무들"(「자작나무」)과 함께 있기도 한다.

> 알 수 없는 먼 세계의 어느 곳에선가
>
> 환청처럼 내 이름 부르며 건너온 그대 목소리
>
> 갑자기 작은 파편 하나 몸속에서
>
> 꿈틀거리기 시작했습니다
>
> 숨어 있는 줄도 몰랐던 그 작은 파편
>
> 잊어버린 시간의 저 너머
>
> 다시는 돌아갈 수 없는
>
> 감미롭고 아득한 시간들을 깨우면서
>
> 날카롭게 날을 세우고 빠르게
>
> 전신을 쑤시고 다닙니다

빛 밝은 오후의 그 아득한 향기 그 노래들

소스라치게 깨우면서

그리운 손짓이 되어

아프게 날을 세우고

전신을 돌아다니고 있습니다

- 「파편破片」 전문

   강계순 시인은 이제 그 겨울에서 떠나와 추억과 그리움의 시간 속으로 잠긴다. "환청처럼 내 이름 부르며 건너온 그대 목소리"가 그동안 안에서 전혀 감지하지 못했던 "파편"이 되어 "꿈틀거리기 시작"한다. "파편"이란 부서지거나 깨어진 조각을 의미한다. 어느 날 문득 "환청처럼" 들리는 "그대 목소리"가 내밀한 곳에 "숨어"있다가 유리 조각처럼 꿈틀거리며 되살아난다. "숨어있는 줄도 몰랐던 그 작은 파편"은 "그대", 곧 그리운 사람의 상징이다. 이 파편이 날카롭게 날을 세우고 전신을 쑤시고 다니면서 잠시 "잊어버린 시간의 저 너머/ 다시는 돌아갈 수 없는/ 감미롭고 아득한 시간들" "빛 밝은 오후의 그 아득한 향기 그 노래들"을 깨운다. 어느 날 문득 환청처럼 그대 목소리를 듣는다. 잊어버린 시간 저 너머로부터 들려오는 그대 목소리로 함께 했던 기억들이 되살아난다. 그대에 대한 간절함이 그냥 잊혀진 게 아니라는 말이다. 우리는 이 시를 통해서 알베르트 아인슈타인이 주장하는 상대성 이론의 가장 기본적 성찰인 마음이 멈출 때 시간도 멈춘다는 점을 이해할 수 있다. 왜냐하면 시간은 마음을 의미하기 때문이다.

  시인은 이 파편의 찔림에 의해 "새벽마다 어둠을 밀어내면서 번지던/ 알 수 없는 향내, 그리고/ 가늘게 떨면서 가지런히 내밀던/ 섬세한 너의 손"(「오래된 그림책」), "드센 바람 덧없이 빗나간 세월에 쓸려/ 결국은 만나지 못하고 잊혀진 따뜻한 날의 꿈"(「낯선 섬에서」)이 되살아난다. 또한 "천천히 손들어 마지막 인사를 하고/ 담담하게 돌아눕지만/ 마음속에 남아있는 작고 애닮은 그리움/ 그 흔적들/ 목이 메어 머뭇머뭇 차마 눈 감지 못하던/ 내가 본 그 사람"(「어느 일몰日沒」)이 비 오는 날이면 "그늘진 곳에서 울고 있던 그대 마음/ 오늘은 이 땅에/ 비가 되어"(「비오는 날」) 흐르고, 어느 갠 날에는 "뜨겁고 아픈 태형笞刑의 밤/ 긴 긴 불면으로 지새다가/ 새벽이면 찾아올 힘찬 밀물에 밀려서 혹/ 그대 곁으로 달려갈 수"(「어느 갠 날 4 –갯벌의 노래」) 있기를 염원한다.

4.

　강계순 시인의 시에는 삶의 이야기가 드라마처럼 전개되고 있다. 오쇼 라즈니쉬가 삶이야말로 존재하는 유일한 진리라고 했거니와 이 시집에는 삶이라는 그릇 안에 이별과 아픔과 한과 그리움이라는 시와 사랑이 가득 담겨있다. 그 그릇에는 한 원로 시인의 유년과 스무 살 적 젊음이 물결처럼 출렁이다가 마침내 자신의 내면으로 돌아오는 숙연함이 고여 있음을 볼 것이다.

> 감성의 불씨 하나 들고 정박碇泊한
> 내 항해의 첫 기항지
> 등꽃들 주렁주렁 꿈의 심지에 환히 불 켜고 있던
> 부산 수정동 산기슭
> 거리에는 늘 바람이 쓸고 다녔다
> 더러 해일이 밀려오면 아름드리 소나무들
> 뿌리째 들썩이던 곳,
> 기숙사 작은 창 너머 노을이
> 사멸死滅의 불꽃처럼 떨어져 내리는 일몰이면
> 낯선 거리를 기웃거리는 부랑아처럼 나는
> 작은 바람이 되어
> 잠자지 않고 출렁이는 바다를 향해 달려갔다

뿌옇게 흔들리는 불 몇 개 아득히 켜고

빠른 속력으로 어디론가 떠가는 연락선의

항로를 눈으로 좇으면서

알 수 없는 비애에 몸 적시던 밤바다의 어둠

검은 하늘에 금빛 별들 깊이 박혀있고 그때

내 가슴에도 몇 개의 별이

비수처럼 반짝였다.

- 「어느 갠 날 1 -부산」

  강계순 시인은 경남 김해에서 출생하여 부산에서 성장했다. "부산 수정동 산기슭"은 시인의 인생 항로의 첫 기항지였다. 시인의 문예바다 서정시선집 『변방에서 꿈꾸다』(2021)에 수록된 산문에 의하면, 이 첫 기항지 부산에서 보낸 어린 시절 '그립고 따뜻한 이름'으로 외삼촌과 아버지를 꼽는다.

  김해에서 천안, 천안에서 서울, 서울에서 또 어느 낯선 고장으로 구름처럼 세상을 떠돌다가 젊은 나이에 세상을 떠난 외삼촌의 낡은 바지 뒷주머니에 꽂혀있는 문고판 시집 두어 권은 장차 시인의 꿈을 키워준 촉매제가 되었다. 해방된 지 3~4년 정도 지났을 때 문화예술의 필요성을 주장하시면서 열정을 쏟아 영화제작사를 설립하신 아버지는 시인이 초등학교 5학년이었을 때 서울 출장에 데리고 갔다. 이때 서울 나들이는 미지의 세계를 꿈꾸는 계기가 되었다. 시인은 회고한다. "내 어린 시절의 추억 속에는 방랑과 꿈과 자유와 탈출의 혼을 심어주신 두 어른들이 가난과 외로움 속에서도 늘 문고본 책들을 소중하게 지니고 다니셨다"고.

경남여자고등학교를 졸업하기까지 첫 기항지 부산은 시인을 "낯선 거리를 기웃거리는 부랑아처럼/ 작은 바람이 되어/ 잠자지 않고 출렁이는 바다를 향해 달려"가게 했고, "검은 하늘에 금빛 별들 깊이 박혀있고 그때/ 내 가슴에도 몇 개의 별이/ 비수처럼 반짝"이게 했다. 이러한 어린 날 꿈은 "치마를 물들이던 질기고 떫은 꿈" "유년의 떫은 꿈"(「홍시紅柿」)이었다.

>   이슬과 비와 바람 속을 서성이면서
>   가꾸고 거둔 노란 국화 한 아름
>   씻고 찌고 말려서
>   작고 단단하게 정제精製된 한 줌의 국화차,
>   씨알 같은 차 몇 알 뜨거운 물에 띄웠더니
>   기지개 켜듯 몸 풀고 얼굴 밝히면서
>   어여쁜 꽃으로 다시 떠올라

그 향기 입안과 목을 지나 뱃속까지 뜨겁게 흘러내립
니다.
　　젊은 날 피와 멍울로 아프게 맺혀 군데군데 베긴 군
살들까지
　　섬세한 더듬이로 자근자근 적시면서
　　화해하듯 속 깊이 스며들어
　　얼음 밑을 흐르는 물소리인 양 맑고 작은 소리로
　　전신을 씻어 내리는 국화차 한 잔,
　　세상의 빗장들 하나 둘 소리 없이 벗겨지고
　　어둠을 밟고 여명이 슬며시
　　문을 밀고 걸어 나옵니다.

－「국화차菊花茶」 전문

　국화차 정제의 과정과 "씨알 같은 차 몇 알 뜨거운 물에" 띄워 마신 느낌이 섬세하게 드러나 있다. 특히 이 시에서 우리가 주목하는 부분은 단순한 국화차의 효능에 있지 않다. 물론 국화차에는 비타민, 미네랄, 항산화 물질 등이 풍부하게 함유되어 있어 면역력 증진, 감기 예방, 혈액순환 개선 등 다양한 효능을 발휘하지만, 그보다도 시인에게는 국화차의 향기가 "입안과 목을 지나 뱃속까지 뜨겁게 흘러" 내릴 때 "젊은 날 피와 멍울로 아프게 맺혀 군데군데 베긴 군살들까지／ 섬세한 더듬이로 자근자근 적시면서／ 화해하듯 속 깊이 스며들어／ 얼음 밑을 흐르는 물소리인 양 말고 작은 소리로／ 전신을 씻어 내리는"데 집중되어 있다. 다시 말해 국화차를 마시면서 젊은 날 "빈 들판을 떠돌던 막막함／ 숨길 수 없이 짓무른 피의 색깔／ 목에 찬 그리움"(「마지막 연가戀歌」)을 감지하는 것이다.

 이 젊은 날의 목에 찬 그리움은 "맹목과 무지의 스무 살 언저리"(「어느 갠 날 2 −양귀비꽃」)에 마약의 일종인 줄도 모르고 작은 뜰 한구석에 눈부시게 빛나는 양귀비꽃을 심어 행복한 꿈을 꾸고 있을 때 마약 단속반 순경들에게 들켰던 기억이라든가 골목길 어둠 속에서 길을 잃고 울고 있는 아이를 만났을 때 자신 또한 "길 잃고 헤매면서 저렇게 울던 때／ 추위에 떨면서／ 가슴 밑바닥까지 조여드는 무섭고 외로운 시간"(「그 아이 2」)도 있었음을 되돌아보게 한다. 이를 계기로 시인은 자신의 어렸을 적, "기억할 수도 없는 시간／ 무심無心의 벌판을 지나／ 부스스하게 삭아내린 얼굴로 돌아온 그 아이"(「그 아이 3」)를 발견하고 그 아이가 이제 어른이 되어 "횅한 세상, 한구석에서／ 자주 비 맞고 웅크리고／ 조금씩 비워내면서 서서히／ 드러눕는 연습"(「연습」)을 하는 내면의 자기로 돌아와 있음을 확인한다.

굽은 등 웅크리고 서서

흐르지 못하는 물같이 고여

더러는 잊고 더러는 숨겨 두었던

무모하고 유치했던 시간들

어줍고 눈멀어 비틀거리던

막막한 그 길 돌아보는 밤

오래오래 비 내리고,

급하게 굴러가는 시간의 속력에 떠밀려

허둥허둥 걸어온 막막한 길

서툴고 무모한 날들의

낡은 흔적들

아득하게 잃어버린

먼 날의 그림자 긴 어둠

오래오래 적시면서

비 내리고.

-「오래오래 비 내리고」

  시인은 오래오래 비 내리는 밤에 자신의 "유치했던 시간들/ 어줍고 눈멀어 비틀거리던/ 막막한 그 길"을 돌아본다. 돌아보는 그 길은 "허둥허둥 걸어온 막막한 길"이었고 "서툴고 무모한 날들의/ 낡은 흔적들"이었다. 그 길의 흔적들에는 살아있는 화산지대를 지나면서 "뜨겁게 불붙어 솟아오를 높고 아름다운/ 불기둥을 꿈꾸었던/ 그런 날"(「어느 갠 날 6 −사화산死火山에서」)도 있고, 대장간을 지나며 "쩡 쩡 울면서 뜨겁게 치솟는 꿈으로/ 밤새워 벼리고 벼리던/ 희망"(「그 대장간을 지나며」)을 풀무질했던 때라든가, 바다를 만나러 가서 "막막한 어둠이 내려 덮인 지평의 끝/ 상처 입은 짐승처럼 울부짖던"(「다시 바다에 가서」) 때도 녹아 있다.

　이러한 살아온 삶의 길은 마치 무용수처럼 "더욱 단단히 발끝 곤추세우고/ 끝없이 거듭되던 순례의 길"(「어느 갠 날 3 −춤추는 여자」)이었으며 "방향도 없이 자주 버리고 외면하면서/ 덧없이 흘려보낸 시간들/ 두고 온 작은 것들 모두/ 희망, 작은 그리움"(「까치집」)이었다.

　그러나 이러한 시간들 다 지나가고 지금 시인은 조용히 텃밭을 가꾸며 자연의 생명들과 함께 생을 보낸다. "재미 삼아 씨앗 몇 줌 고랑 파고 묻었더니/ 며칠 지나지 않아 손톱 같은 순筍 올라와/ 햇빛과 비와 바람까지 공空으로 먹으면서 어느새/ 소복소복 연초록 잎들을 불리면서/ 상추 쑥갓 아욱들이 연달아 피어"(「푸성귀」)나는 생명의 신비로움에 젖는다. 그 생명의 신비는 온전히 봉헌되는 짧고 거룩한 한 생애임을 깨닫고 자신을 돌아보며 "오, 나는 누구에게 가서 이 푸성귀들만큼이라도/ 맛이나 향기가 되었던 적이 있었던가/ 하루치의 위안이라도 되었던 적이 있었던가"라고 성찰한다.

5.
강계순 시인은 가톨릭 신자이다. 예수님께서는 당신 주위에 앉은 사람들을 둘러보시며 "이들이 내 어머니고 내 형제들이다. 하느님의 뜻을 실행하는 사람이 바로 내 형제요 누이요 어머니다"(마르코 33-35)라고 말씀하셨듯 강계순 크리스티나 자매님은 하느님의 뜻을 실행하는 시인이다.

> 세상의 시간에서 하늘의 시간으로
> 조용조용 흘러가는 강물 옆에서
> 보이지 않는 따뜻한 손에 기대어 조금씩 자라나는
> 작은 풀들, 들판에는
> 반주伴奏도 화성和聲도 없이 고즈넉하게
> 고여서 흐르는 낮은 음계의 음악, 그 너머
> 하늘인 듯 땅인 듯
> 저만치 으스름하게 보이는 어느

수도원 근처

　　　　　　 -「어느 수도원 근처」전문

  이번 시집 표제 시인 이 작품은 원근법의 구조로 하느님의 은총을 묘사하고 있다. 강물은 "세상의 시간에서 하늘의 시간"으로 "조용조용" 흘러가고 있다. 지금 흘러가고 있는 강물은 세상의 시간으로 흐르는 게 아니다. 강물 흐름도 하늘의 시간으로 흐르고 있다는 시적 인식은 시인의 신앙심이 강물에 투사된 결과이다. 나아가 그 강물의 옆에서 "조금씩 자라나는/ 작은 풀들, 들판" 또한 "세상의 시간"에서 자라나는 게 아니라 강물과 함께 "하늘의 시간" 속에서 자라나고 있다. 이 모든 생명들은 "하늘의 시간" 안에서 "보이지 않는 따뜻한 손에" 의해 이루어지고 있다. "보이지 않는 따뜻한 손"은 천지를 창조하시고 지켜주시는 하느님의 손이다.

  지금 여기 연주를 돕기 위해 옆에서 다른 악기를 연주하지 않아도, 화음들이 일정한 규칙에 따라 조화를 이루지 않아도, 오직 "세상의 시간"으로는 감지할 수 없는, "보이지 않는 따뜻한 손에 기대어" "고즈넉하게" 흐르는 강물과 그 옆의 "작은 풀들, 들판"인 자연, 우주는 오직 하느님의 은총으로 "낮은 음계의 음악"을 연주한다. 한편, 이와 대비적으로 여기 들판 너머 "저만치 으스름하게 보이는" "수도원"이 있다. 멀리 보이는 그 "수도원 근처"는 으스름하여 "하늘인 듯 땅인 듯" 구별이 가지 않는다. 어찌 보면 수도 서원을 하고 일정한 규율 아래 공동생활을 하면서 하느님의 말씀 속에 수행을 쌓는 "수도원"이라는 존재를 중심으로 한 그 근처는 "세상의 시간" 속에 존재하지 않고 "하늘의 시간" 속에 존재하고 있는 셈이다.

> 무성하게 뻗어난 가시엉겅퀴들 헤치면서
> 날카로운 가시에 찔리고 헤진 뒤꿈치
> 비명으로 발자국 찍으면서 어둠 속을
> 걸었습니다
> 무작정 내달은 광야의 끝 어디쯤에서
> 나와 함께 울고 계시는 당신을 만났습니다
> 당신의 발은 더 많이 핏물에 젖어 있었습니다
> 가시로 관을 쓴 당신의 희미한 웃음
> 나도 마주 보고 희미하게 웃었습니다
> 고통은 나눌수록 가벼워지는 것이라고
> 가만히 일러주신 당신의 말씀 그 어깨에 기대어
> 절뚝거리는 다리에 다시 힘주고
> 광야 어디엔가 숨어 있을 청량한 물을 찾아서

조금씩 걷기 시작했습니다.

— 「광야에서」 전문

앞에서 우리는 강계순 시인이 '그대(그 사람)'의 선종으로 인해 "가시엉겅퀴들 헤치면서" "날카로운 가시"에 심장이 찔리는 아픔을 함께 겪었다. 한사코 그런 이유만이 아닐지라도 정신적이든 육체적이든 어떠한 고통과 아픔을 겪노라면 이 세상은 광야에 다름아닐 터. "모래바람 얼굴을 때리고 길은 아득히 멀고/ 한 치 앞도 보이지 않는 사구沙丘의 깊은 골/ 빠르게 내리는 어둠 속에서"(「돌베개」), 시인도 광야를 "무작정 내달을" 때 있었다. 그러나 이처럼 "무작정 내달은 광야의 끝"이 결코 절망이거나 좌절이 아니었다. 왜냐하면 그 절망의 끝에서 "나와 함께 울고 계시는 당신" 즉, 주 예수 그리스도를 만났기 때문이다.

그동안 "날카로운 가시"에 찔리며 "어둠 속을" 걸어오느라 시인 자신도 핏물에 젖어있었지만, 예수님을 만나 "당신의 발은 더 많은 핏물에 젖어" 있음을 발견했을 때의 미안함과 죄스러움을 어떻게 표현할 수 있을까. "가시로 관을 쓴 당신"과의 만남, 자신을 향해 희미하게 웃어주시는 미소, 그리고 "고통은 나눌수록 가벼워지는 것이라고/ 가만히 일러주신 당신의 말씀"은 모두 자비와 은총이 아닐 수 없다. 시인은 예수님이 나눠 가지신 자신의 고통으로 이제 "절뚝거리는 다리에 다시 힘주고/ 광야 어디엔가 숨어 있을 청량한 물을 찾아" 다시 걷는 희망의 삶을 산다.

이러한 시인의 희망적인 삶을 위해 "슬픔도 깊어지면 빛이 되는지"(「목련」) 주님은 "이상한 날개 하나 내 어깨에 달아주시고/ 돌부리들 여기저기 솟아있는 광야의/ 어둠 속이거나 춥고 먼 길 어디거나/ 유연하게 걸어서 통과하는 신발 한 켤레도/ 단단하게"(「초대」) 신겨주시고, "연민과 눈물로 가득 차서/ 고장 난 저울을 들고 고장 난 계산법으로/ 늘 용서와 위로를 덤으로 주시느라 분주하게"(「고해성사」) 서두르신다.

그리하여 시인은 버스정류장 대기 의자에 앉아 있는 자신의 옆자리에 나란히 앉아 "평화로운 햇살을 한 아름씩/ 계속 건네주고"(「어느 오후」) 계시는, "당신 손으로 지으신 이 빛나는 아침과/ 세상의 근심 속에 나를 뽑아 세워/ 희망의 작은 심지에 다시 불 켜게"(「선물 2」) 하신, "날마다의 식탁/ 기름과 밀가루 떨어지지 않고/ 존재하는 것 모두 환하게 눈 뜨는/ 충만한 기쁨으로 오늘 하루도/ 내 잔이"(「식탁 1」) 넘치게 하시는 주님을 "찬미인 줄 모르고 절로 찬미(「선물 2」)"한다. 강계순 시인은 한 생애를 살아오면서 겪었던 가슴 아픈 시간들을 오로지 주님의 자비와 은총으로 승화시키며 찬미하는 거룩한 신앙인의 모습을 보여주고 있다.

지성의 상상 시인선 042
어느 수도원 근처

초판 1쇄 발행 2024년 8월 25일

지 은 이 강계순
펴 낸 이 한춘희
펴 낸 곳 지성의 상상 미네르바
등록번호 제300-2017-91호
등록일자 2017. 6. 29.
주   소 03131 서울특별시 종로구 율곡로 6길 36, 월드오피스텔 802호
전   화 02-745-4530
전자우편 minerva21@hanmail.net

ISBN 979-11-89298-69-2 (03810)

값 12,000원

* 이 책은 전부 또는 일부 내용을 재사용하려면 반드시 저작권자와 미네르바의 동의를 받아야 합니다.
* 이 도서의 국립중앙도서관 출판시도서목록은 서지정보유통지원시스템 홈페이지(http://seoji.nl.go.kr)와 국가자료공동목록시스템(http://www.nl.go.kr/kolisnet)에서 이용하실 수 있습니다.